100만 원 마케팅

100만 원 마케팅

작은 브랜드를 위한 가장 현실적인 광고 전략

초판 1쇄 발행 2024년 6월 28일

지은이 김건우 / **펴낸이** 전태호
펴낸곳 한빛미디어(주) / **주소** 서울시 서대문구 연희로2길 62 한빛미디어(주) IT출판2부
전화 02-325-5544 / **팩스** 02-336-7124
등록 1999년 6월 24일 제25100-2017-000058호 / **ISBN** 979-11-6921-261-8 03320

총괄 송경석 / **책임편집** 홍성신 / **기획·편집** 박혜원
디자인 표지 최연희 내지 박정우 / **전산편집** 다인
영업 김형진, 장경환, 조유미 / **마케팅** 박상용, 한종진, 이행은, 김선아, 고광일, 성화정, 김한솔 / **제작** 박성우, 김정우

이 책에 대한 의견이나 오탈자 및 잘못된 내용은 출판사 홈페이지나 아래 이메일로 알려주십시오.
파본은 구매처에서 교환하실 수 있습니다. 책값은 뒤표지에 표시되어 있습니다.

한빛미디어 홈페이지 www.hanbit.co.kr / **이메일** ask@hanbit.co.kr

지금 하지 않으면 할 수 없는 일이 있습니다.
책으로 펴내고 싶은 아이디어나 원고를 메일(writer@hanbit.co.kr)로 보내주세요.
한빛미디어(주)는 여러분의 소중한 경험과 지식을 기다리고 있습니다.

100만 원 마케팅

작은 브랜드를 위한 가장 현실적인 광고 전략

김건우 지음

H 한빛미디어
Hanbit Media, Inc.

추천의 말

이 책은 저자의 실패 경험을 토대로 마케팅에서 생기는 복잡한 문제들을 명쾌하게 풀어내는 귀중한 지침서입니다. 이 책은 마케팅에서 실패가 왜 중요한지, 그리고 어떻게 실패를 통해 배울 수 있는지 솔직하고 현실적으로 조언합니다. 저자는 작은 실패를 두려워하지 않고 이를 통해 성장할 수 있는 방법을 제시합니다. 저자의 경험에서 우러나온 조언은 현업에서 직면하는 문제들을 해결하는 데 큰 도움이 될 것입니다.

또한 나이와 경험을 뛰어넘어 새로운 트렌드와 도구를 받아들이는 방법과 이를 통해 어떻게 생존하고 성장할 수 있는지에 대한 실질적인 전략을 제시합니다. 초보 마케터부터 숙련된 전문가까지 모두에게 유용한 내용을 담고 있어 마케팅 계획을 수립하는 데 큰 도움이 될 것입니다.

마케팅에 대한 열정과 실천 의지가 있는 모든 이에게 최고의 길잡이가 될 이 책을 통해 많은 마케터가 더 큰 성공을 이루기를 기대합니다.

이정석 당근마켓 Ad Sales Lead

마케팅에 갓 입문한 사람부터 마케팅 전략을 리드하는 임원진까지 모두가 반드시 읽어야 할 책입니다. 실제 비즈니스에서 광고의 역할을 명확히 이해할 수 있도록 구체적으로 친절하게 설명하며, 광고 운영자가 반드시 고려해야 할 요소를 일목요연하게 정리했습니다.

디지털 마케팅의 성공을 위한 비즈니스 요소 조합과 같은 전략적 측면부터 스케일업을 위한 실험 광고비 설정 가이드 등 전술적인 측면까지 모두 담고 있어 숲과 나무 모두를 이해하고 마케팅의 본질을 꿰뚫어보는 안목을 얻을 수 있습니다. 불확실성이 높은 디지털 마케팅 세계의 등대와 같은 책입니다.

박휘진 구글 Accelerated Growth Consultant

물밀듯이 쏟아지는 트렌드 속에서 끊임없이 의사결정을 내려야 하는 마케터들을 위한 필독서입니다. 이 책을 제 광고주 모두에게 공유하고 싶을 만큼 강력히 추천합니다.

중소기업팀 매니저로서 단기 성과보다 장기 전략의 중요성을 강조한 저자의 조언에 깊이 공감합니다. 디지털 환경에서 새로운 광고 활용법에 대한 인사이트는 신선하고 유용합니다. 이 책을 통해 시행착오를 줄이고 더 대담하게 도전할 수 있는 용기를 얻길 바랍니다.

정민주 틱톡 Account Manager

이제 막 마케팅을 시작하는 실무 마케터에게 꼭 필요한 온라인 광고의 기본 개념과 실제 사용 사례를 모두 다루고 있는 책입니다. 특히 '마케터는 정답이 없는 직종이다'라는 문장에 크게 공감했고, 저자가 이 정답이 없는 마케터라는 직무를 직접 10년 넘게 경험하면서 자신만의 정답과 기준을 찾아가는 과정이 솔직하게 담겨 있습니다.

이 과정을 통해 다양한 광고 채널별 마케팅 운영 사례들을 과장 없이 배울 수 있을 뿐만 아니라 광고를 운영하는 데 있어서 필요한 마음가짐, 기준들을 정립할 때도 큰 도움이 될 것입니다.

김원영 카카오 광고주&파트너 컨설팅팀

추천의 말

디지털 마케팅의 핵심을 꿰뚫는 통찰을 누구나 쉽게 얻어갈 수 있는 책입니다. 입문자는 물론이고, 숙련된 마케터들도 놓칠 수 있는 점들을 체계적으로 정리하여 자신의 문제점이나 한계를 되짚어볼 수 있는 나침반이 되어줄 것입니다.

더 복잡해져가는 디지털 환경에서 흐름을 놓치지 않되 기본은 탄탄하게 다지고 싶다면 이 책을 꼭 한번 읽어보기를 추천합니다.

임향연 카페24 디지털 마케팅팀

베타리더의 말

스타트업 대표나 다양한 기업의 마케팅 담당자 모두에게 유용한 지침서입니다. 저자는 오랜 기간 실패와 성공을 거쳐 터득한 전략을 통해 비용을 효율적으로 운용하며 마케팅하는 방법을 자세히 설명합니다. 특히 소규모 예산으로도 효과적으로 광고를 실행할 수 있도록 구체적인 방법을 제시하므로 예산이 제한적인 기업과 담당자에게 더욱 유용할 것입니다.

김경훈 스타트업 대표

이 책은 단순히 100만 원으로 마케팅하는 방법만 이야기하지 않습니다. 경험 많은 선배의 시선으로 후배들에게 주의하거나 꼭 알아야 할 부분 등을 제시하는 마케팅 바이블입니다. 마케팅을 잘하는 방법뿐만 아니라 현실적인 이직 등 커리어 관련 조언도 가득합니다. 또한 나무뿐만 아니라 숲을 보는 관점까지 배울 수 있습니다.

김병규 아이스크림에듀 AI연구소

마케팅이 실질적으로 어떻게 비지니스와 연관이 있고, 실무에 어떻게 적용하는지 상세히 안내해줍니다. 마케팅 분석 도구와 그 활용 방법은 물론 실제 겪었던 사례 위주로 구체적인 행동 방식을 추천하는 등 현실적인 조언이 가득합니다.

김준석 개발자

베타리더의 말

오로지 마케팅 결과에만 욕심부렸던 지난날을 반성하게 만드는 책입니다. 자영업자로서 마케팅뿐만 아니라 사업 운영의 본질까지 되돌아보게 된 것은 물론, 한 걸음 더 내딛을 힘을 얻어 훨씬 나은 미래를 꿈꾸게 되었습니다. 각자의 영역에서 성공을 바라는 누구에게나 추천하고 싶습니다.

심주형 건강해짐(GYM) 트레이너

작은 실패를 통해 큰 성공의 그림을 그릴 수 있도록 도와주는 책입니다. 빠른 변화 속에서도 현명하게 살아남을 수 있는 마케터만의 전략을 알려줍니다. 세상과 일을 바라보는 자신만의 관점을 기르는 법과 실질적인 업무 스킬을 동시에 배우고 싶다면 일독을 권합니다.

이두혁 교육 전문 직원

마케팅의 기본으로 돌아가 자신의 업을 돌아보고 성장하고 싶은 이라면 반드시 읽어보길 바랍니다. 단순 업무 스킬은 시간이 해결해주지만 업무의 본질은 의지를 갖고 고민하고 해석하려 하지 않으면 퇴색되기 마련입니다. 직장인을 넘어 진정한 마케터를 꿈꾼다면 꼭 읽어야 할 책입니다.

이봉호 개발자

'인터렉티브 미디어'라는 생소한 단어로 시작하여 온라인 마케팅, 퍼포먼스 마케팅 그리고 콘텐츠 마케팅으로 이어지는 마켓 4.0이라는 격변의 시대에서 살아남은 마케터의 고민과 통찰이 오롯이 담겨 있습니다. 그리고 이 시대를 같이 지나고 있는 이들에 대한 애정어린 시선을 바탕으로 노하우와 지침을 제공합니다. 베테랑 선배의 조언을 통해 성장하고 싶은 모든 이에게 추천합니다.

이상훈 다이아몬드베이츠 상무

마케터를 꿈꾸고 있거나 개인 사업을 계획 중이라면 꼭 읽어야 할 책입니다. 상품이나 서비스를 제공하는 비즈니스를 한다면 마케팅은 필수입니다. 마케팅의 본질부터 일을 분석하고 성장하는 법, 실무 꿀팁까지 알차게 담겨 있어 마케터가 아니어도 성공적인 비즈니스를 원하는 대표, 직장인 모두에게 유용합니다.

이장훈 개발자

흔한 마케팅 서적에서 벗어나 오랜 경력에서 우러나오는 실무 조언이 아낌없이 담겨 있습니다. 마케터의 레벨업에 필요한 경험치를 쌓는 모든 방법을 알려주는 책으로, 마케팅 필독서로 권장하고 싶습니다.

이재철 네오소스 코리아 대표

프롤로그

마케팅에서는
실패가 가장 중요하다

마케팅에서 성공은 어렵고 실패는 매우 쉽습니다. 수많은 성공 사례를 분석하고 따라 해봐도 대부분 실패합니다. 저 역시 경력이 꽤 오래된 40대 마케터로서 수없는 실패를 겪었습니다. 너무 자주 겪는 탓에 부끄러워 감춘 적도 많았습니다. 그런데 시간이 지나 돌아보니 성공보다는 실패를 통해 얻은 것이 더 많았습니다.

모두 다양한 모습으로 실패합니다. 쓰라려도 그 사실부터 인정해야 합니다. 그런데 이상하게도 성공 사례는 쉽게 찾을 수 있는데, 현실적인 실패 사례는 보기 어렵습니다. 군이 성공하지 못한 마케팅을 분석해서 자료로 남길 필요를 못 느끼기도 하고, 감추고 싶은 경험을 공개적으로 이야기하는 것도 쉽지 않기 때문입니다.

그런데 마케팅에서는 왜 성공보다 실패가 중요할까요? 보통 다른 회사의 대단한 마케팅 성공 사례를 보면서 비슷하게 흉내 내기도 합니다. 그런데 마케팅의 성공은 단순히 마케팅만으로 이루어지는 게 아니라, 그 뒤에 경쟁력 있는 상품과 서비스 그리고 저렴한 가격이 필요하다는 걸 잊으면 안 됩니다. 나이키 마케팅이 멋져 보이는 건 그 뒤에 업계 최고의 운동화가 있기 때문이고, 애플이 브랜딩 마케팅의 정수로 평가받는 이유는 멋진 디자인의 세계 최고 전자제품이 있기 때문입니다. 냉정하게 상품, 서비스, 가격의 수준을 파악하지 못한 채 마케팅만 멋지게 해서 성공하는 경우는 없습니다. 이런 사실들은 실패를 통해 더 뼈저리게 와닿게 됩니다.

그리고 실패의 경험을 통해 적어도 완전하게 망하지 않는 법을 배우게 됩니다. 제가 성공보다는 실패를 강조하는 제일 큰 이유입니다. 다만 크지 않은 작은 실패(적은 광고비)여야만 버틸 수 있고, 다음 기회도 노릴 수 있습니다. 규모가 크면 마케터뿐만 아니라 회사의 손실로 이어지고 상황이 아주 나쁘면 회사가 없어질 수도 있는 냉혹한 현실이 존재합니다.

현실적으로 많은 광고비 대신 당장 100만 원으로 광고를 운영하는 방법, 적은 광고비로 여러 번 실패하면서 위험 부담을 줄이는 방법 등 몸소 겪은 가장 현실적인 마케팅을 공유하고 싶었습니다. 어쩌면 이 책은 '당당하게 작은 실패를 쌓아나가는 법'을 알려주려 썼을지도 모릅니다. 경험이 부족한 마케터, 광고비가 부족한 마케터, 중소상공인 대표, 스타트업 대표와 같이 단 한 번의 실패로도 너무 많은 것을 잃어버릴 수 있거나 다음 기회를 얻기 힘든 분들에게 도움이 되었으면 하는 마음으로 이 글을 썼습니다. 이 책으로 인해 조금이나마 마케터로 일하는 앞날에 즐거움과 보람이 더해졌으면 합니다.

2024년 여름

김건우

저자 소개

지은이 **김건우**

다음^{Daum}에서 온라인 마케터로 첫발을 내딛은 이후 NHN&고도몰(솔루션), 가연결혼정보(서비스업), 브랜디(여성 의류 스타트업), 마플샵(굿즈 스타트업)에서 마케터로 근무했다.

마케터로서 다양한 경험을 쌓기 위해 일부러 계속 새로운 업종에 도전해왔다. 일반 기업에서 스타트업으로 넘어온 이후 스타트업에서는 흔치 않은 40대 마케터로 일하고 있다. 현재는 어뮤즈라는 화장품 스타트업에서 그로스 마케팅팀 리드로 재직 중이다.

– **브런치스토리** brunch.co.kr/@99101204

목차

1장

광고만 보는 마케터 vs 전체를 보는 마케터
마케팅의 기본, 제대로 파악하기

4장

평범한 마케터의 성장과 발전
마케터로 버티고 살아남기

5장

내 상품을 고객에게 전달하는 법
장점은 드러내고 단점은 숨기기

1장

광고만 보는 마케터 vs
전체를 보는 마케터

마케팅의 기본, 제대로 파악하기

마케터는 광고 이전에
상품과 고객부터 봐야 한다.

failure

흔한 대기업 성공 사례보다 중요한 건 실패의 경험이다.

/

marketer

마케터는 크게 두 종류로 나뉜다.
바로 '광고만 보는 마케터'와 '전체를 보는 마케터'다.

survive

평범한 마케터로 오래 살아남기 위해 어떻게 해야 할까?

/

AD off

적당한 때에 광고를 중지하는 용기도 필요하다.

광고에도
자격이 필요하다

— 1-1 —

광고 종류마다 다른 자격

온라인 광고를 꾸준히 진행하기 위해서는 여러 가지 자격이 필요합니다. 이미 많은 비용을 내면서 광고를 진행하는데 도대체 어떤 자격이 필요하냐고 생각할 수 있습니다. 하지만 광고를 장기간 안정적으로 유지하기 위해서는 여러 조건이나 능력이 필요합니다.

저도 신입 마케터 시절에는 광고는 그저 비용만 준비되면 언제든지 할 수 있다고 판단했습니다. 광고주나 재직 중인 회사의 대표를 설득해서 최대한의 예산을 확보하기만 하면 어떤 광고라도 마음껏 할 수 있다고 생각했습니다. 그런데 꽤 오랜 기간 일하며 수많은 실패를 하면서 점점 '광고에도 자격이 필요하다'라는 사실을 깨달았습니다. 자격이 부족한 상황에서 겁 없이 광고비를 사용하니 대부분 실패할 수밖에 없었습니다. 그래서 광고의 종류 그리고 광고비에 따라 필요한 여러 가지 자격에 대해 한번 정리해보았습니다.

광고 종류에 따라 다른 자격

온라인 광고 시장은 현재 크게 검색 광고$^{Search\ Advertising}$(SA), 디스플레이 광고$^{Display\ Advertising}$(DA), 동영상 광고$^{Video\ Advertising}$(VA)로 구분됩니다. 각 광고마다 특징이 있는데 굳이 어울리지 않는 광고를 무리해서 운영하기보다는 상황에 어울리는 광고부터 운영하는 게 좋습니다.

검색 광고

CPC$^{Cost\ Per\ Click}$[01]가 매우 높은 광고이므로 객단가나 이익이 높은 상품을 광고하기에 적합합니다. 예를 들어 성형외과, 화장품, 부동산, 보험 같은 업종들은 이 광고부터 시작해도 무리가 없습니다. 그런데 가격이나 이익이 낮은 상품을 취급한다면 검색 광고부터 시작해서 안정적으로 운영하기 쉽지 않습니다.

디스플레이 광고

이 광고는 CPC는 저렴한 편이지만 종류가 많고 각 특징이 매우 다릅니다. 네이버, 카카오, 구글, 메타(페이스북) 등 여러 광고 중에서 주 사용층의 연령, 성별 등을 고려해 가장 걸맞는 광고를 선택해야 합니다. 예를 들어 50대 남자가 주 고객이라면 굳이 무리해서 메타 광고에서 효율을 내려 하기보다는 네이버나 카카오 광고를 먼저 운영하는 게 유리합니다. 광고 플랫폼마다 주된 사용자들의 특징이 있는데 어울리지 않는 광고부터 시작할 필요는 없습니다.

---

01 클릭당 비용. 사용자가 유료 온라인 광고를 클릭할 때마다 광고주가 지불해야 하는 금액.

동영상 광고

동영상 광고는 내 상품이나 서비스가 광고 영상으로 구현됐을 때 장점이 부각되어 보인다면 상관없지만 반대로 단점이 부각되진 않는지 고민할 필요가 있습니다. 영상으로 보여줬을 때 더욱 신뢰감을 주며 광고 효율이 올라가기도 하지만 오히려 실망감을 안겨 효율이 떨어질 때도 종종 있습니다. 예를 들어 사진으로는 멋져 보이는 상품이 영상으로 보면 별로인 경우입니다.

온라인 광고의 종류는 너무나 다양하고 각각의 특징이 있습니다. 내 상품이나 서비스에 어울리지 않는 광고를 유행이라고 무작정 운영하다 보면 큰 실패를 겪을 수 있습니다. 가장 먼저 '이 종류의 광고를 운영할 자격이 충분한가?'라고 따져볼 필요가 있습니다. 광고마다 각자 어울리는 상품과 업종이 있다는 걸 잊으면 안 됩니다.

광고를 일정 기간 유지할 수 있는 비용

광고 진행을 위한 중요한 자격 중 하나는 결국 비용입니다. 꼭 일정 기간 광고를 유지할 비용이 있어야 합니다. 단순히 일주일 또는 한 달 정도만 진행할 **최소한의 광고비만 가지고 시작한 후 결과가 좋으면 광고비를 늘리겠다는 생각은 매우 위험합니다.** 최소 3개월간 광고를 유지할 비용을 미리 준비해야 단기 성과에 조급해지지 않고 광고를 진행할 수 있습니다. 단기간 내에 좋은 결과를 내려고 하면 대부분 실패합니다.

광고를 시작하자마자 큰 성과가 나오는 경우는 거의 없습니다. 대부분 기대 이하의 성과가 나오는데, 그 후 문제점을 찾고 개선해야 합니다. 그런데 이미 계획한 광고비를 단기간 내에 다 사용해버리면 아무것도 못하고 광고를 포기하게 됩니다. 그러므로 예산이 많든지 적든지 규모와는 상관없이 **최소 3개월은 유지할 광고비를 미리 준비**하고 시작해야 합니다.

경쟁사와 비교해서 찾는 문제점

광고 집행 후 효율이 안 좋으면 광고를 중단하게 됩니다. 그리고 실패의 원인을 광고 탓으로 돌리는 경우가 많습니다. '노출이 별로다! 타기팅이 엉망이다! 가격이 비싸다!' 등 다양한 원인과 핑계를 찾아 그 광고를 하지 않게 됩니다. 그런데 그 광고를 경쟁사에선 많은 비용을 들여 장기간 유지하는 것을 종종 보게 됩니다. 예를 들어 CPC가 높아 노출조차 힘든 검색 광고 메인 키워드를 경쟁사는 계속 상위 노출하고 있거나, 내가 운영하는 리타기팅 광고는 보이지도 않는데 경쟁사 광고는 너무 자주 보이거나, 광고비가 높은 CPT^{Cost Per Time}[02] 광고를 경쟁사는 자주 진행하는 경우입니다.

규모가 비슷한 경쟁사들은 순조롭게 운영하고 있는데 실패했다면 원인이 광고가 아닌 내부에 있다는 걸 깨달아야 합니다. 검색량 분석, 유입 분석, 광고 노출 분석, 매출액 분석 등 다양한 방법으로 경쟁사들의 대략적인 광고비와 주요 노출 광고를 파악하고 비교해야 합니다. 그리고 결국 **광고가 잘못한 게 아니라 내가 잘못하고 있다**는 걸 인정하고 실패한 광고에서 효율이 나올 방법을 찾아내야 합니다.

온라인 광고를 한 달만 하고 중지하는 게 아니라 1년 이상 꾸준히 진행하기 위해서는 여러 가지 조건이나 능력이 필요합니다. 광고비, 좋은 상품이나 서

---

02 클릭 수와 상관없이 노출 시간당 광고 금액이 결정되는 과금 방식

비스, 경쟁력 있는 가격, 전환율이 높은 광고 소재, 체류 시간이 높은 상세페이지, 고객들의 불만을 최대한 빨리 친절하게 처리하는 CS 등 모든 부분에서 경쟁력이 있어야 광고를 장기간 유지하고 거액의 광고비를 쓸 수 있는 자격을 얻게 됩니다.

최소 2000만 원 이상의 많은 광고비가 필요한 네이버 타임보드 광고

광고 진행 후 별다른 성과가 없어 '광고가 별로였다! 운이 없었다! 시기가 맞지 않았다!' 등 여러 가지 핑계를 댄 적도 많았습니다. 하지만 핑계로 바뀌는 건 아무것도 없었습니다. 언젠가부터 광고에서 실패할 때마다 **'아직 이 광고를 진행할 자격이 부족하다'**라고 생각하기 시작했고 그 자격을 갖추기 위해 광고와 함께 모든 부분을 개선하기 시작했습니다.

그렇게 조금씩 자격을 갖추기 시작하면서 소액에서 점점 더 큰 액수의 광고비를 사용할 수 있게 되었습니다. 광고를 성공시키기 위해서는 자신의 부족함부터 인정하는 게 중요합니다.

광고만 보는 마케터
VS
전체를 보는 마케터

광고 외에 상품과 고객을 봐야 한다

마케터라는 직업은 점점 세분화되고 있습니다. 디지털 마케터, 퍼포먼스 마케터, 그로스growth 마케터, SA 마케터, DA 마케터, CRM 마케터, 콘텐츠 마케터, 브랜드 마케터 등으로 다양하게 발전하고 있습니다. 온라인 마케팅이 거의 모든 회사에서 필수가 되었기 때문입니다. 농담처럼 "우리가 하는 일은 몇 년간 거의 그대로인데 이상하게 직업명만 계속 바뀌는 것 같다"라고 주위 마케터들과 이야기합니다.

자주 사용하는 '온라인 마케팅'이라는 단어조차 이제는 낡은 느낌입니다. 디지털 마케팅, 퍼포먼스 마케팅, 그로스 마케팅 등으로 불러야 할 것 같습니다. 그런데 단어가 변한다고 해서 온라인 마케터가 하는 일까지 크게 변하는 건 아닙니다. **'비용을 사용해서, 광고를 진행하고, 비용 이상의 효율을 낸다'**라는 가장 근본적인 사실은 크게 바뀌지 않았습니다. 대부분의 마케터는 매출, 회원가입, 다운로드 수치 등 광고비 대비 효율을 내는 것이 최종 목표입니다. 물론 브랜드, 콘텐츠, 바이럴, CRM 마케터 등은 평가 기준이 조금 다를 수 있지만, 최종 결과에서 자유로울 수는 없을 것입니다. **마케터와 광고비는 절대로 헤어질 수 없는 관계입니다.**

그런데 마케터가 다양한 분야로 세분화되는 것과 별개로 시간이 지날수록 두 종류로도 구분이 되는 것처럼 보입니다. 바로 광고만 보는 마케터와 전체를 보는 마케터로 말입니다. 마케터로 처음 시작할 땐 대부분 광고만 신경 씁니다. 처음에는 광고만 제대로 보기에도 벅찬 게 현실입니다. 게다가 광고들이 고도화되면서 알아야 할 사항들이 점점 늘어나고 있습니다. 다음은 현재 채용 사이트의 온라인 마케터 채용 공고에서 볼 수 있는 주요 업무 현황입니다.

- 월별 커머스 거래액 목표 달성을 위한 퍼포먼스 마케팅 전략 수립 및 리드
- 마케팅 미디어 믹스 최적화
- 포털/SNS 매체별 특성을 고려한 광고 캠페인 설계/운영/분석/효율화
- 디지털 프로모션/이벤트 기획/실행/효과 분석
- 온/오프라인 마케팅 채널 운영(네이버, 카카오, 구글, 인스타그램, 유튜브 등)
- 성과 측정 및 데이터 트래킹 툴을 활용한 마케팅 성과 분석 및 최적화 작업
- 고객 획득 비용 절감을 위한 지속적인 데이터 분석 및 A/B 테스트
- 마케팅 KPI 및 전략 수립

이런 내용만 봐도 쉽지 않습니다. 팀장급도 아닌 2~5년차 경력 마케터 모집인데 예전과 다르게 구체적이고 전문적입니다. 이렇게 점점 더 고도화되는 이유는 각 회사가 사용하는 온라인 마케팅 비용이 점점 커지고 있고, 마케팅 결과에 따라서 회사의 성장이 결정될 정도로 마케팅 업무가 매우 중요해지고 있기 때문입니다. 거의 모든 회사에서 온라인 마케팅 비용을 늘리고 업무를 확장하고 있습니다.

이렇게 전문화되다 보니 본인이 담당하는 단 한 개의 광고 채널만 집중해서 보기도 쉽지 않습니다. 여러 개 광고를 동시에 보는 경우도 점점 사라지고 있습니다. 검색 광고 담당자, 배너 광고 담당자같이 광고 종류별로 세분화 되고 있는 것이죠. 특히나 최근에는 광고 분석도 고도화되면서 광고 진행 후 분석에도 많은 시간이 필요합니다.

그러나 이 단계에서 오직 광고만 보는 마케터가 되면 안 됩니다. 광고만 보는 마케터가 무조건 나쁘다는 것은 아닙니다. 그렇게 했을 때 장점도 있지만 시간이 지날수록 단점이 너무 커지게 됩니다.

광고만 보는 마케터

장점

- 본인이 담당하는 광고 채널(SA, DA, VA 등)에 관한 전문성이 매우 높아진다.
- 담당하고 있는 광고의 효율 변동 사항 파악 및 광고 분석을 빠르게 할 수 있다.
- 운영 방법, 광고 소재 등 가장 최적화된 광고 설정을 빠르게 찾을 수 있다.
- 기획팀, 디자인팀, PM팀, 영업팀, 개발팀 등 다른 관련 부서와 큰 트러블 없이 광고만 보면서 집중할 수 있다.

단점

- 성과를 올리는 방법을 광고에서만 찾아야 한다.
- 효율이 떨어질 때, 광고 말고 다른 하락 원인을 찾기가 힘들다.
- 특정 상품, 특정 업종의 광고에만 최적화될 수 있다. 다른 상품과 다른 업종의 광고에 적응하는 데 시간이 걸린다.

먼저 장점은 담당하고 있는 광고의 전문성이 조금 더 빠르게 높아집니다. 어떤 세팅이 가장 효율적인지, 어떤 식으로 카테고리 구분을 해야 하는지, 어느 정도 CPC가 적절한지, 어느 시간대가 가장 효율적인지, 어떤 소재가 어울리는지 등 광고 채널마다 가지고 있는 특징을 파악하는 데 유리합니다.

그러나 광고 효율이 떨어질 때 광고 외에 다른 원인이나 방법을 찾기가 어렵다는 큰 단점이 있습니다. 광고 효율 변동의 원인이 오직 광고가 아닌 다른 부분에도 있다는 걸 절대로 잊으면 안 됩니다. 전반적인 개선이나 수정이 어렵다는 이유로 광고만 수정한다면 효율 하락을 막을 수 없습니다.

마케터는 자신이 담당하는 광고에 집중하는 게 당연히 중요하지만, 광고 진행에 앞서 가장 중요한 **실물 상품, 서비스, 앱, 게임 등 무형의 상품과 고객**에 대해서도 관심을 가지고 수정과 개선에 지속적으로 참여해야 합니다.

광고 효율은 오로지 광고의 소재와 세팅으로만 결정되지 않습니다. **광고는 고객을 입구까지만 데려가는 역할**이기 때문에 그 이후 홈페이지, 이벤트, 상품, 가격 등이 광고 효율에 큰 영향을 끼치게 됩니다. 협업이 힘들 수는 있지만 **이벤트, 홈페이지, 앱, 가격 등 본인이 광고하는 상품의 본질적인 개선**에 참여해 다양한 노력을 시도해야 합니다.

전체를 보는 마케터

장점

- 광고 효율을 올리기 위해 광고 외 다양한 부분(상품, 가격, 고객 등)에서 개선 포인트를 찾을 수 있다.
- 고객에 대해 자세히 알게 되면서 광고 소재 및 세팅을 더 효율적으로 변화시킬 수 있다.
- PM, 디자인, 영업, 개발 등 관련 부서와 지속적인 소통을 통해 전체 서비스 개선을 진행할 수 있다.
- 특정 상품, 특정 회사에서만 광고를 잘하는 게 아니라 다른 업종으로 이직하더라도 빠르게 적응할 수 있다.

단점

– 광고만 보기에도 벅찬데 상품과 고객까지 파악하기 위해 많은 시간과 노력이 필요하다.

– 관련 부서와 마찰이 생길 수 있다.

– 너무 많은 것을 한 번에 개선하려다가 막상 한 개도 제대로 개선하지 못하고, 광고의 전문성마저 떨어질 수 있다.

그러나 현실적으로 각 팀이나 부서 간에 업무 영역이 명확히 구분되는 상태에서 다른 부서의 고유의 영역에 개선 의견을 제시한다는 것이 쉽지는 않습니다. 예를 들어 광고 배너와 홈페이지 배너가 느낌이 다를 때가 매우 많습니다. 또한 마케팅팀이 좋아하는 디자인과 디자인팀이 좋아하는 디자인이 너무나 다를 때도 있습니다. 또 이벤트나 가격을 기획팀이 정하는 경우에 광고 효율이 떨어질 때 일시적으로 이벤트를 추가하고 싶어도 새로운 이벤트를 빠르게 적용하는 게 어려운 경우도 있습니다.

일시적인 가격 할인 등을 적용하는 것도 여러 부서와 협의가 필요합니다. 광고 방문자들의 이탈이 높다면 홈페이지나 랜딩 페이지의 UI, UX의 개선에도 참여해서 어떻게든 방문자들의 이탈률을 줄일 방법을 찾아야 합니다. 이렇게 관련 부서들과 지속적으로 협의해서 광고 효율을 높일 방법을 찾는 게 광고를 관리하는 것보다도 더 중요할 때가 많습니다. 개인적으로 마케터의 하루 업무 시간을 광고 관리에 50%, 관련 부서와 개선 사항 협의에 50%로 절반씩 할애해야 한다고 생각합니다.

그리고 **고객들을 데이터로만 간접적으로만 느끼는 상태에서는 광고의 효율을 올리기 쉽지 않습니다.** 마케터가 고객을 알기 위해서 영업팀, 고객센터 등 관련 부서에 협조를 구하는 것도 좋지만 직접 고객들과 연락을 취해보면서 고객들이 어떤 광고 채널과 소재를 보고 있는지, 그리고 상품이나 서비스에 문의

나 불만 사항은 없는지 들어보는 건 매우 큰 차이를 만듭니다. 고객 분석을 단순히 GA$^{Google Analytics}$[03]로만 하는 마케터와 직접 고객들을 만나 고객들이 원하고 궁금해하는 부분을 추가로 분석하는 마케터는 시간이 지날수록 차이가 벌어지게 됩니다. 데이터로 고객의 나이, 취향, 카테고리, 체류 시간 등을 파악하는 것도 좋지만 직접 고객의 소리를 들어보는 것만큼 좋은 방법은 없습니다.

저도 마케터로서 경력이 쌓이면서, 광고를 관리하는 시간보다는 그 외 전체를 보는 시간들이 점점 늘어나고 있습니다. 상품, 가격, 서비스, 디자인, 경쟁 업체, 고객 등을 보면서 '**광고 수정 외에 어떤 걸 개선해야 광고 효율이 높아질까?**'를 고민하는 시간이 대부분입니다. 서비스 개선도 해보고, 가격도 수정해보고, 디자인이나 이벤트도 수정해보고, 경쟁 업체도 따라해보고, 그리고 가장 중요한 고객들을 직접 만나서 고객이 원하는 부분을 찾으려고 노력합니다.

온라인 마케터를 시작하면서 처음부터 전체를 보는 건 어려울 수 있습니다. 그러나 가장 중요한 **상품과 고객, 이 두 가지는 절대로 놓치면 안 됩니다.** 광고만 보는 마케터들은 광고 효율이 잘 나오는 게 자신의 실력이라고 쉽게 자만하는데, 이럴 때 이직을 해서 다른 업종이나 상품의 광고를 하는 순간 진짜 실력이 들통나게 됩니다. 마케터는 이직이 비교적 잦은 직업입니다. 다양한 업종과 상품을 경험하는 게 마케터로서의 성장과 경력에도 큰 도움이 됩니다. 그러나 전 회사의 마케팅 성공이 새로운 회사의 마케팅 성공을 보장하는 경우는 거의 없다고 봐야 합니다.

....

03 구글에서 무료로 제공하는 웹 분석 도구. 웹사이트의 접속 트래픽을 다양한 방법으로 분석하여 효율적으로 사이트를 운영할 수 있게 도와주는 고성능 분석 툴.

몇 년 전까지는 온라인 마케팅의 성공은 마케터가 진행하는 광고가 최소 50% 이상의 비중을 갖고 있고, 나머지 50%는 상품, 가격, 서비스 등이라고 생각했습니다. 제가 진행하는 광고에 자신감까지 충분했습니다. 그러나 시간이 지나면서 오히려 자신이 없어지고 있습니다. 진행하는 광고가 효율이 좋은 건지, 광고를 하고 있는 상품이 좋은 건지, 단지 마케터로서 운 좋게 경쟁력이 좋은 상품과 서비스를 만난 건지 등 오랜 기간 마케팅을 하면서 광고가 전부가 아니라는 걸 조금씩 깨닫고 있습니다. 온라인 마케팅에서 효율의 절반 이상이 광고가 아닌 다른 부분에서 나온다는 걸 인정할 때, 마케터로서 성장의 폭과 깊이가 넓어짐을 느끼게 됩니다.

적당한 광고비란
과연 얼마일까?

—— 1 - 3 ——

과거가 아닌 지금 적당한 광고비

광고비를 결정하는 건 마케터에게 매우 어려운 일입니다. **너무 많지도 너무 적지도 않은, 적당한 광고비를 찾아가는 과정**은 쉽지 않습니다. 회사나 광고주가 정해준 광고비를 사용하는 게 아니라 마케터 스스로 많은 고민을 하고 광고비를 사용하는 경험은 성장에 큰 도움이 됩니다.

만약 이미 정해진 광고비를 사용하는 환경이라고 하더라도 마케터는 '광고비를 스스로 정한다면 얼마가 적당할까?'라고 계속 고민하는 습관을 들여야 합니다. 왜냐하면 적당한 광고비를 찾기만 해도 전체 광고 효율에 커다란 변화를 줄 수 있기 때문입니다.

경력이 오래된 저에게도 이 과정은 아직도 너무 어렵습니다. 회사에서 여러 가지 과정을 거쳐 정해진 광고비를 크게 늘리거나, 크게 줄이기 위해서는 끊임없이 설득하는 과정이 필요하고, 마지막에는 정확한 숫자로 좋은 결과를 여러 번 내야 합니다. 안 좋은 결과가 나오면 책임져야 한다는 부담도 매우 큽니다. 그냥 마음 편하게 정해진 광고비를 사용하고 싶고 굳이 피곤하게 모험을 하고 싶지 않을 때도 많습니다.

그러나 스스로 고민한 후에 광고비를 크게 늘려 그만큼 좋은 성과가 나오거나, 광고비를 크게 줄여 막대한 손실을 막는 경험만큼은 절대로 포기하고 싶지 않았습니다. 비록 많은 실패를 겪더라도 이런 과정이 있어야지만 마케터는 성장할 수 있습니다. 광고비를 평균적으로 정하기가 매우 어려운 이유는 회사마다 주어진 환경이 너무나 다르기 때문입니다. 먼저 광고를 하려는 유/무형의 상품, 판매 가격이 다르고 그 외 회사의 규모, 운영할 수 있는 자금 등 모든 부분이 다를 수밖에 없습니다. 각자 주어진 환경에 맞는 정답을 찾는 수밖에 없습니다. 하지만 그럼에도 공통적으로 중요하게 봐야 할 부분은 있습니다.

손실을 입지 않는 최소한의 광고비

광고비를 사용한 후 손실을 입지 않아야 한다는 점은 광고의 기본입니다. 손해 보는 광고를 꾸준히 진행할 수 있는 회사는 존재하지 않습니다. 이익이 나야 광고를 유지하고 이익이 커져야 광고비를 늘릴 수 있습니다. 그러므로 마케터는 자신이 광고하는 상품, 서비스의 이익을 생각해 손해 보지 않는 최소한의 광고비 기준을 세워야 합니다. 만약 상품을 광고한다면 그 상품을 한 개 판매할 때 실제 이익이 얼마인지 정확하게 확인해야 합니다. 인건비, 제작비, 판매촉진비 등 세세한 사항을 모두 감안하면 매우 복잡합니다. 그럼에도 1만 원의 상품을 판매하려면 1000원만 쓸 수 있다든지 하는 기준이 있어야 합니다.

상품이 아닌 서비스, 게임, 앱 등을 광고하더라도 LTV$^{\text{Life Time Value}}$[04]를 계산해서, 단기적으로는 손실이 있더라도 어느 시점부터 이익이 나는지를 파악해야 합니다. 신제품이나 신규 서비스라면 초반에는 대부분 광고비 손실을 감당하며 운영하지만 과연 어느 정도 손실까지 또는 언제까지 광고를 운영할지 기준이 있어야 합니다.

마케터가 이익을 끊임없이 고민해야 하는 이유는 이익에 따라서 매출액 대비 광고비 비중이 크게 달라지기 때문입니다. 예를 들어 게임, 성형외과, 화장품, 온라인 교육 등 이익이 높은 상품이나 서비스들은 매출액에서 광고비 비중을 높일 수 있습니다. 하지만 의류, 제조, 식품 등 이익이 낮은 상품들은 상대적으로 광고비 비중이 낮을 수밖에 없습니다. 마케터는 광고를 하기 전에 최소한의 손실을 입지 않는 광고비 또는 비중이 얼마인지 정확한 기준을 세우는 게 중요합니다.

목표 매출과 기간

목표 매출과 기간에 따라서 광고비는 크게 달라지게 됩니다. 손실을 입지 않는 광고비 비율이 매출액에서 10%라고 가정한다면, 목표 매출이 1억일 때는 광고비는 1000만 원, 목표 매출이 5000만 원이라면 광고비는 500만 원이 됩니다. 보통은 ROAS$^{\text{Return On Ad Spend}}$[05]로 정하는 게 일반적입니다. 여

---

04 고객 생애 가치. 한 명의 고객이 기업과 거래를 시작한 다음 이를 멈출 때까지의 기간을 '고객 라이프 사이클'이라고 하는데, LTV는 한 명의 고객이 '고객 라이프 사이클' 기간 동안 기업에 얼마만큼의 이익을 가져왔는지를 정량적으로 측정한 것.

05 광고 수익률. 특정 광고나 캠페인에서 발생한 수익을 계산한 값. 계산 공식은 다음과 같다.
ROAS = (해당 광고로부터의 매출 / 광고 비용) × 100

기서 목표 기간이 포함되면 그 기간에 따라 광고비를 나누면 됩니다. 아마 많은 회사와 마케터가 이 기준으로 광고비를 정할 겁니다.

이 과정에서 주의해야 할 부분은 기간입니다. 기간을 너무 짧게 설정하면 무리해서 광고비를 쓰는 경우가 많아 최대한 길게 잡아야 합니다. 보통은 1개월로 정하는데 이 기간도 짧은 편입니다.

대부분의 회사, 광고주는 짧은 기간에 광고비를 써서 빠른 결과를 얻으려고 합니다. 목표 기간이 짧으면 마케터는 효율을 생각하지 않고 일단 계획한 광고비를 사용하게 됩니다. 시간이 없는데 광고비를 절약할 여유 따위는 없습니다. **그러므로 목표 기간을 최소 3개월 이상으로 잡는 게 광고비의 낭비를 막는 좋은 방법이라고 회사와 광고주를 설득하는 게 중요합니다.**

광고비의 끊임없는 수정

계획된 광고비와 기간이 정해졌음에도 마케터는 끊임없이 광고비 수정을 준비해야 합니다. 광고를 실제로 운영하기 시작하면 계획과 어긋나는 경우가 대부분입니다. 광고를 시작하기만 하면 엄청난 매출과 수많은 회원가입이 발생할 거라고 기대하지만, 아무런 반응이 없을 때가 더 많습니다. 이럴 때 마케터는 그 누구보다 빠르게 광고비를 낮추거나 광고를 중단해야 합니다. **마케터가 스스로 세운 기준보다 효율이 낮으면, 그 광고는 손실을 가져올 비싼 광고입니다.**

반대로 광고의 효율이 높다고 판단되면 그 어떤 반대를 무릅쓰더라도 광고비 지출을 빠르게 올려야 합니다. 기대 이상의 광고 효율이 나오는 기회는 자주 오지 않습니다. 마케터 스스로 좋은 기회라고 판단되는 순간이 있습니다. 그럴 때는 다른 어떤 비용을 아끼더라도 광고비를 늘려 매출과 회사를 빠르게 성장시켜야 합니다.

계획한 광고비와 기간은 그저 계획일 뿐입니다. 현재 기준으로 마케터는 끊임없이 적당한 광고비가 얼마인지를 고민하고 수정해야 합니다. '적당하다'라는 단어는 정확한 숫자를 분석하고, 확실한 결과를 내야 하는 마케터에게는 어울리지 않습니다. 그럼에도 적당한 광고비를 계속 찾아야 하는 건 광고 효율과 매출은 끊임없이 변화하기 때문입니다.

적당-하다[1] (的當하다) 「동사」 꼭 들어맞다. 전체 보기 ▸

적당-하다[2] (適當하다) 「형용사」 「1」 정도에 알맞다. 전체 보기 ▸

국어사전에서 '적당하다'의 의미

지난달까지 효율이 높던 광고가 이번 달에는 효율이 크게 떨어진다면, 현재 그 광고에 쓰는 광고비는 적당한 것이 아닙니다. 갑자기 효율이 높아지는 광고 소재에 적은 광고비를 사용하는 것도 적당한 것이 아닙니다. 회사가 매출이 크게 떨어지고 있는 상황에서 여전히 과거의 광고비를 사용하는 것도 적당한 것이 아닙니다.

단 하루도, 단 한 시간도 효율이나 매출이 과거와 같을 수가 없기 때문에 마케터는 쉬지 않고 지금 시점에 어울리는 광고비를 찾아내야 합니다. 스스로 계획한 광고비를 변경해야 하고 분석 시간도 오래 걸리고 설득 과정도 쉽지 않습니다. 그럼에도 적당한 광고비를 찾아낸다면 분명 과거의 그 어느 때보다 광고 효율이 높아지거나 막대한 비용 손실을 막을 수 있습니다. 결론적으로 적당한 광고비란 **과거의 기준이 아닌 현재의 기준으로 끊임없이 수정한 광고비**입니다.

광고를
한 바구니에 담지 마라

1 - 4

광고비를 현명하게 분산하는 방법

'계란을 한 바구니에 담지 마라'라는 유명한 격언이 있습니다. 위험은 분산시키라는 뜻입니다. 보통은 주식 등 금융 시장에서 많이 사용하는데 온라인 광고를 운영할 때도 이 말이 도움이 됩니다. 광고 시장도 변화가 급격하기 때문에 효율 하락을 최소화해야 하고, 비용 낭비를 막기 위해서는 광고를 분산시키는 게 매우 유리하기 때문입니다.

오랜 기간 온라인 광고를 진행하면서 급격한 성과 하락이 발생했던 경우는 대부분 하나의 광고에 비용이 지나치게 집중되어 있을 때였습니다. 외부 환경과 광고 시장의 변화에 따라 중요 성과가 갑작스럽게 떨어지는 경우를 종종 경험할 수밖에 없었습니다.

그래서 운영하는 광고의 종류를 끊임없이 늘리고 광고비를 분산시키기 시작했습니다. 검색, 디스플레이, 영상 광고를 전부 진행하고 광고 매체도 한 군데에 집중하기보다는 네이버, 카카오, 구글, 메타 등 거의 모든 매체에서 동시 진행하면서 위험을 분산시켰습니다. 이 방법 이후로 급격한 성과 하락을 방어할 수 있었습니다. 예를 들어 의류 회사 광고를 할 때 네이버 검색 광고만 진행하다가 구글 디스플레이 광고 비중도 높여보고, 유튜브 광고만 하다가 틱톡 광고도 새로 진행시키는 등 특정 광고의 비중이 높아지는 상황을 막았습니다.

다양한 광고 운영 방법 중에서 이처럼 '광고를 한 바구니에 담지 않고 위험을 분산시키는 방법'에 대해 이야기해보겠습니다.

핵심 광고의 비중을 50% 미만으로 낮춘다

회사, 마케터마다 가장 잘 운영하고 성과도 좋은 핵심 광고가 있습니다. 광고 소재나 운영도 자신 있고 실제 성과가 나오는 광고입니다. 이런 광고를 찾게 되면 비용을 크게 늘리게 됩니다.

하지만 아무리 효율이 좋은 광고여도 비용을 늘리다 보면 어느 순간 효율이 정체되는 순간을 맞이하게 됩니다. 광고 피로도, 소재 성과 하락, 광고비 한계점 등 다양한 원인으로 더 이상은 비용을 늘리기 어렵게 됩니다. 그런데 이럴 때 대부분 이 핵심 광고의 비중이 이미 매우 높은 경우가 많습니다. 지나칠 경우 전체 광고비의 90% 이상을 차지하기도 합니다.

광고 한 개의 비중이 너무 높아지면 위험합니다. 왜냐하면 이 하나의 광고가 전체 성과에 큰 영향을 미치기 때문입니다. 그래서 가능한 **핵심 광고의 비중을 50% 미만**으로 낮추는 게 좋습니다. 핵심 광고의 성과가 나오는 상황에서는 천천히 비용을 늘리면서 광고 피로도를 줄이고, 다른 광고 방식도 찾아내어 그 광고들의 비중을 계속 높일 필요가 있습니다.

비중이 높은 광고가 효율이 떨어지면 다시 높이기 위해 노력하지만, 여러 가지 원인으로 효율을 다시 올리기 어려울 때가 많습니다. 지금 당장은 큰 효율이 나오는 광고가 언제든지 크게 떨어질 수 있다는 걸 기억하고 미리 대비해야 합니다.

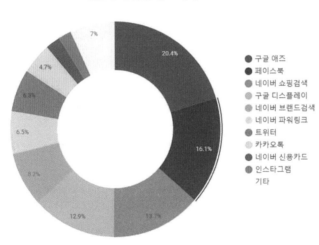

방문 수가 높은 광고 매체 TOP10

- 구글 애즈
- 페이스북
- 네이버 쇼핑검색
- 구글 디스플레이
- 네이버 브랜드검색
- 네이버 파워링크
- 트위터
- 카카오톡
- 네이버 신용카드
- 인스타그램
- 기타

2023년 상반기 광고 매체 현황 ⓒ비즈스프링

광고의 종류를 늘린다

광고를 늘리더라도 한 가지 종류만 늘리는 게 아니라 여러 종류로 늘리는 것이 중요합니다. 앞서 말했듯 온라인 광고는 현재 크게 세 종류로 구분됩니다. 검색 광고, 디스플레이 광고, 영상 광고입니다.

보통은 한 종류의 광고가 효율이 좋으면 같은 종류의 광고를 늘리는 선택을 합니다. 예를 들어 디스플레이 광고가 효율이 좋으면 구글 디스플레이, 네이버 성과형 디스플레이, 카카오 모먼트 디스플레이 광고같이 비슷한 광고로 계속 확장합니다. 효율이 나오는 광고 소재와 운영 방법을 어렵게 찾았으니 비슷한 종류의 광고로 확장을 안 할 이유가 없기 때문입니다.

하지만 같은 종류의 광고만 고집하다 보면 다른 종류의 광고를 놓치는 경우가 생기게 됩니다. 광고 특성상 검색, 디스플레이, 영상 광고는 소재부터 운영까지 너무나 다르기 때문에 가능한 모든 종류의 광고를 경험하면서 언제든지 효율이 더 좋은 종류의 광고로 이동할 준비를 하는 게 좋습니다.

신규 광고의 비중을 조금씩 유지한다

신규 광고 비중을 작더라도 일정 부분 유지하는 게 중요합니다. 가능한 전체 광고비에서 5~10% 정도는 다양한 신규 광고에 사용하며 앞으로 점유율이 높아질 것 같은 광고를 미리 경험해볼 필요가 있습니다. 신규 광고는 대부분 이미 검증되고 점유율이 높은 대형 광고들에 비해 노출도, 효율도 부족한 경우가 많습니다. 광고에서 가장 중요한 노출과 효율이 부족한데도 불구하고 신규 광고를 계속 시도해야 하는 이유는 무엇일까요?

첫 번째로 신규 광고는 가격이 비교적 저렴한 편입니다. 이미 인기 있는 광고들은 수많은 광고주들로 인해서 노출 경쟁이 치열해지면서 초반에 비해 점점 CPC, CPM$^{\text{Cost Per Mille}}$[06]이 높아집니다. 상대적으로 신규 광고는 초반에 매우 저렴한 경우가 많습니다. 광고는 꼭 전환 효율이 높지 않더라도

---

06 웹 페이지에서 광고가 1000번 노출됐을 때의 비용.

CPC가 저렴하면 경쟁력을 가지게 됩니다.

두 번째로 신규 광고의 인기가 높아질 때 다른 곳보다 더 빠르게 광고비를 늘릴 수 있습니다. 신규 광고 중에서 아주 드물게 효율과 노출이 높은 광고는 순식간에 인기가 많아집니다. 그만큼 경쟁도 치열해집니다. 그런데 이미 해당 광고에 대한 이해도가 높고 소재나 운영에 대한 경험이 쌓였다면, 광고비를 빠르게 늘리면서 경쟁사들보다 더 큰 성과를 낼 수 있게 됩니다.

온라인 광고 시장에서 새로운 광고는 끊임없이 나오고 있습니다. 그중에서 아직은 저평가되어 있고, 앞으로 우량해질 만한 광고를 찾는 시도는 꼭 필요합니다. 잘될 만한 광고를 찾기 위해서 매월 정기적으로 적은 비용이라도 들여 신규 광고 한두 개는 꼭 진행하며 기존 광고들과 비교하는 것을 게을리하면 안 됩니다.

'광고를 한 바구니에 담지 마라'라는 말은 무조건 광고를 여러 개 운영하라는 뜻이 아닙니다. 현재 주어진 상황에 맞게 적당히 광고를 늘려가면서 위험 부담을 줄이자는 뜻입니다. 다만 이 방법을 적용하기 위해 주의해야 할 점도 있습니다.

초반에는 하나의 광고에 집중해서 성과를 낸다

온라인 광고를 처음 한다면 단 하나의 광고에서 효율을 내기도 쉽지 않습니다. 어떤 광고라도 상관없이 일단은 하나의 광고에서 효율을 내는 게 중요합니다. 먼저 하나의 광고에 집중해서 소재나 운영에 익숙해지고 실제 성과가 나오는 걸 확인해야 합니다.

아직 하나의 광고에서도 효율을 내지 못한 상황에서 여러 광고를 동시 진행하는 건 무리한 시도입니다. 하나의 광고를 성공시키면 조금 여유가 생기게됩니다. 그때 그 광고에만 집중하는 게 아니라 다음 광고로 넘어가는 식으로광고를 확장해야 합니다. 광고비를 단순하게 운영하는 광고 숫자대로 공평하게 분배하는 건 효율이 매우 떨어집니다. 예를 들어 비용 1억 원을 5개의광고에 각 2000만 원씩 공평하게 분배하는 건 큰 의미가 없습니다.

정확한 광고 분석을 통해 광고별로 우선순위를 정하고 그 순위에 맞게 광고비를 분배해야 합니다. 현재 기준으로 가장 높은 효율이 나오는 광고에는 당연히 가장 많은 광고비를 사용해야 합니다.

온라인 광고 시장은 끊임없이 발전했습니다. 그리고 항상 각 시대를 대표하는 1등 광고가 있었습니다. 과거에는 이렇게 점유율이 큰 1등 광고만 운영해도 성과를 유지하는 데 별다른 어려움이 없었습니다. 그러나 검색, 디스플레이, 영상 광고로 종류가 확장되고 종류마다 광고의 수도 점점 늘어나면서 이제는 하나의 광고만 운영하는 건 비효율적인 시대가 되었습니다.

광고 매체별 장점과 단점을 냉정하게 분석하고 전환 광고와 유입 광고를 구분하면서 광고별 특징을 최대한 살리는 운영을 해야만 하는 시대로 변화하고 있습니다.

온라인 광고로 좋은 성과를 내는 것도 무척 어렵지만, 그 성과를 유지하는건 더욱 어렵습니다. 그 어떤 회사와 마케터도 계속 성장만 할 수는 없고, 최고의 성과가 나온 다음에는 잠시 쉬어가야 하는 상황을 맞이하게 됩니다.

이런 상황에서 하나의 광고에만 집중하면 실력 여부와 상관없이 급격한 하락을 경험할 수 있으므로, 가능한 안전하게 광고를 분산시켜 위기를 이겨내는 게 좋습니다. 마케터는 **최고의 성과를 내는 것뿐만 아니라 그 성과를 지키는 것도 실력**이라는 걸 잊지 말고 위험을 줄일 방법을 끊임없이 모색해야 합니다.

익숙해질 때
실패가 찾아온다

안정적일 때 생기는 문제들

온라인 마케팅을 하면서 가장 재미를 느끼는 때는 언제일까요? 저는 새로운 마케팅을 처음 시작할 때입니다. 신생 회사의 신제품 출시 마케팅, 경력 이직 후 처음 시도하는 마케팅, 신규 광고 채널의 첫 테스트 등 모든 마케팅에는 시작 단계가 있습니다. 새로움에 대한 도전, 성공에 대한 기대감, 실패에 대한 불안감 등 여러 감정이 섞이고 작은 확률로 마케팅이 성공할 때만큼 재미있는 시기는 없습니다.

그래서 시작 단계에서는 많은 시간을 들여 광고를 관리합니다. 효율이 안정될 때까지는 광고 소재, 순위 관리, CPC 관리 등에 집중합니다. 그러나 그 단계가 지나고 광고가 어느 정도 안정이 되면, 점점 그 광고 채널을 관리하는 시간이 줄어들게 됩니다. **관리가 소홀해지고 장기간 운영한 광고가 익숙해질 때 실패가 찾아옵니다.**

안정적인 광고에서 실패했던 사례

저도 오래 진행한 가장 안정적인 광고에서 실패를 경험했습니다. 광고 종류는 네이버 검색 광고였습니다. 경력이 쌓인 마케터라면 가장 자신 있어 하는 광고 채널이 하나씩은 있습니다. 광고 종류 혹은 광고 채널에 따라서 특기가 구분될 수도 있습니다. 예를 들어 검색 광고 전문가, 디스플레이 전문가, 페이스북 전문가, 구글 전문가 등으로 특화된 분야가 생기게 됩니다. 저 역시 여러 종류의 광고 채널을 동시에 운영하지만 그중에서 가장 자신 있는 광고를 선택하라고 하면 주저 없이 '네이버 검색 광고'를 고를 것입니다.

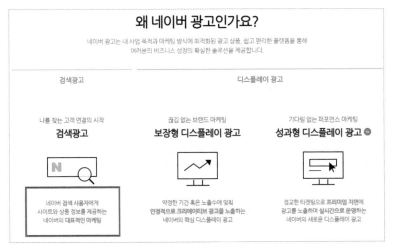

네이버 스스로도 '네이버의 대표적인 마케팅'이라는 문구로 홍보하는 검색 광고

이 광고를 자신 있어 하는 이유는 10년이 넘는 오랜 기간 운영해봤고, 광고를 하는 업종이나 상품이 달라도 언제나 가장 안정적인 효율을 내주는 채널이었기 때문입니다. 그동안 꽤 많은 회사로 이직을 경험하며, 새로운 곳에서

마케터로서 실력을 보여줘야 할 때 언제나 네이버 검색 광고는 저에게 실망을 준 적이 없었습니다. 최근에는 카카오, 구글, 메타 광고가 노출 및 효율이 높아지면서 광고비 비중도 더 높고 시간도 더 많이 쓰지만, 그래도 가장 자신 있는 광고는 네이버 검색 광고입니다.

그러나 최근 몇 년 사이에 더 이상 검색 광고가 필수가 아니게 되었습니다. 처음부터 배너, 영상 광고를 하는 경우도 많고 CPI^{Cost Per Install}[07] 광고를 하거나, 특히 게임 회사 등에서는 검색 광고는 크게 의미가 없기도 합니다. 그럼에도 검색 광고는 온라인 마케팅에서 가장 기본이 되는 광고입니다. 그중에서 네이버 검색 광고는 몇 년간 한국에서 광고 매출로 1등을 차지한 가장 안정적인 광고입니다.

그런데 이렇게 자신 있는 광고에서 꽤 큰 실패를 경험한 적이 있습니다. 저는 매주 월요일, 지난주에 진행한 모든 광고 채널을 주 단위로 비교 분석합니다. 평소에는 거의 변동이 없는데 주 단위로 효율이 떨어진 광고 중에 네이버 검색 광고가 눈에 띈 적이 있었습니다. 이 광고에 매월 약 1000~3000만 원 정도의 광고비를 변동적으로 사용하고 있었죠.

– 1월 4일~10일: 전환 38명, 광고비 205만 4536원 (UTM 설정 GA 기준)
– 1월 11일~17일: 전환 29명, 광고비 342만 6214원 (UTM 설정 GA 기준)

효율이 떨어진 기간에 광고비를 약 140만 원이나 더 많이 사용했는데도 수치는 더 안 좋았습니다. 광고비를 비슷하게 써서 효율이 떨어져도 좋지 않은 건데, 더 사용했음에도 효율이 떨어진 건 더욱 안 좋은 상황인 것이죠. 단순하게 시즌적 요인이라고 생각하고 넘어갈 수도 있었지만, 왠지 느낌이 안 좋

07 설치당 비용. 광고 지출을 광고 캠페인으로 발생한 총 앱 설치 수로 나누어 계산한 값

아 더욱 자세히 원인을 찾아보기 시작했습니다.

- 광고 소재: 지난주와 동일.
- 순위 관리: 메인 키워드 순위 변동이 소폭 있었음.
- 랜딩 페이지: 변동 없었음.
- 이벤트: 지난주와 동일.
- 홈페이지: 변동 없었음.

눈에 띄는 변화가 거의 없는데 이해가 안 되던 와중, 갑자기 치명적인 원인을 찾게 됩니다. 원인은 다소 충격적이지만 **'광고 관리를 아무것도 안 했다!'**였습니다. 네이버 '광고 관리자' 모드에서는 모든 광고 수정 이력을 확인할 수 있습니다. 소재 변경, 키워드 추가, 입찰가 변경, 설정 변경 등 모든 광고 변경 사항을 투명하게 언제든지 확인할 수 있습니다. 그런데 최근 수정한 이력이 거의 없었습니다. 변경 이력이 많다고 좋은 건 아니지만 최소한 마케터가 얼마나 그 광고 채널에 관심을 갖고 있고 얼만큼 시간을 들여 관리를 하고 있는지는 변경 이력만 봐도 쉽게 파악이 가능합니다. 신입 마케터나 광고 대행사가 맡은 광고를 열심히 관리하고 있는지 확인할 때도 변경 이력을 보게 됩니다.

항상 효율이 높은 광고 채널이었던 터라 마케팅팀은 물론 외부 광고대행사 담당자 등 그 누구도 이 광고를 건드리지 않았던 것입니다. 초반 이 광고를 시작할 때는 제가 직접 하루에도 몇 시간씩 키워드 추가, 입찰가 수정, 소재 변경 등 가장 많은 시간을 쓰며 관리했는데 점점 효율이 높아지고 다른 신규 광고 채널들도 동시 운영을 하게 되면서 거의 손대지 않게 된 것이죠. 괜히 수정해서 효율이 떨어질까 봐 그 누구도 수정을 하지 않고 있었습니다.

제가 근무하는 회사에서는 언제나 여러 광고 채널을 동시 운영하고 있습니다. 네이버 검색 광고, 카카오톡 광고, 구글 디스플레이 광고, 메타 광고 등약 10개의 광고를 변동적으로 운영합니다. 그중 효율이 가장 좋은 광고 1~3순위 안에는 항상 네이버 검색 광고가 포함되어 있었습니다. 수정하지 않아도 효율이 좋다는 핑계를 대며 더 좋은 결과가 나올 가능성을 간과하고 있었습니다.

물론 오랜 기간 고민해서 수많은 테스트 결과를 통해 운영한 광고 채널이라서 더 효율이 높아지는 건 어려울 수도 있습니다. 그렇지만 검색 광고에서가장 기본인 순위 관리도 안 하고 있었다는 것은 정말 큰 문제입니다.

왜 이렇게 광고 관리를 소홀히 했을까? 곰곰이 그 원인을 생각해보기 시작했습니다.

광고 관리의 실패 원인

– 광고 관리를 자주 안 해도 다른 광고에 비해서 효율이 지속적으로 높다. 그래서 수정을 하지 않았다.
– 장기간 운영해서 그동안 여러 테스트를 거쳐 현재 광고 설정(소재, 순위 등)을 찾았고, 이보다 좋은 새로운 설정을 찾는 건 어렵다 보니 신규 테스트를 안 했다.
– 다른 신규 광고를 테스트하느라 오래된 광고는 점점 소홀해졌다.
– 네이버 검색 광고 운영에 대해 자신감이 높아서, 이 광고를 동료들이나 외부 협력 광고대행사에게 맡기지 않고 수정 의견을 내더라도 반대했다.

네이버 검색 광고는 관리를 잘해 효율이 높은 게 아니라 특성상 효율이 높다는 걸 잊어버린 것이죠.

그리고 가장 큰 문제는 마케팅 팀장인 제가 이 광고를 자신 있어 해서 직접 관리하길 선호하다 보니 자사 마케팅 팀원들과 외부 광고대행사 담당자들이 이 광고를 수정하지 못하게 하고 있었습니다. 스타트업답게 다른 광고들은 누구나 의견을 자유롭게 내고, 누구의 허락도 없이 다양한 테스트를 할 수 있는 시스템으로 스스로 만들어놓고, 이 광고만큼은 누가 수정하고 의견 내는 것조차 꺼려했던 것이죠.

주위에 온라인 광고를 많이하는 회사 중에서 오랫동안 안정적이었던 광고의 효율이 떨어져도 꾸준히 비용을 유지하던 곳들이 생각납니다. 왜 광고비를 줄이지 않냐고 물어보면 "이 광고는 몇 년간 결과가 좋았으니 잠시 효율이 떨어졌다고 광고비를 줄일 생각이 없다"라고 할 때가 많았습니다. 그 광고에 대한 자신감과 신뢰가 있기 때문입니다. 그러나 결국 효율이 지속적으로 떨어지고 큰 비용 손실을 입고 나면 그제서야 광고비를 줄이게 됩니다. 특정 광고에 대한 자신감이 나쁜 건 아니지만 냉정하게 결과를 숫자로 평가하는 것도 잊으면 안 됩니다.

10년이 넘는 오랜 기간 네이버 검색 광고는 저와 함께했습니다. 많은 실패를 안겨주기도 했지만, 그 어떤 광고보다 큰 성공을 겪게 해준 광고이기도 했습니다. 이제는 이 광고 관리를 다른 동료들과 후배들에게 넘겨줄 때가 된 것 같습니다. 이 광고를 누구보다 잘할 수 있다는 자신감보다는 매일매일 조금씩이라도 개선해나가는 성실함이 더 필요합니다. 장기간 광고를 운영하면서 익숙해지고 운영에 자신감이 생길 때 꼭 실패가 찾아옵니다. 이 시기에는 꼭 다시 기본으로 돌아가야 합니다. **온라인 마케팅에서의 '자신감'은 '성실함'을 이기지 못합니다.**

광고를 빠르게
중지하는 용기를 발휘해라

마케터의 판단력이 필요한 순간

온라인 마케팅에서 광고비를 절약하는 방법은 여러 가지가 있습니다. 가장 좋은 방법은 운영하는 광고 추이가 좋지 않을 때 **머뭇거리지 않고 광고를 빠르게 중지하는 용기**를 발휘하는 게 아닐까 합니다.

광고비를 미리 절약하려는 가장 중요한 이유는 상품, 서비스, 앱, 게임 등 광고를 진행하는 상품이 여러 수정을 거쳐 안정화가 되었을 때, 효율 좋은 광고 채널을 찾았을 때, 반응이 매우 좋은 이벤트를 찾았을 때 등 효율이 나올 수 있다는 확실한 숫자(매출, 회원가입, 다운로드 등)가 보이는 순간에 최대한 광고비를 늘리기 위해서입니다. 또한 마케팅 실패 후 재도전을 할 수 있는 광고비를 확보하기 위해서입니다.

마케터가 광고를 진행하면서 언제나 효율이 좋을 수는 없습니다. 많은 시간을 들여 배너, 카피, 타기팅, 이벤트 등을 준비하더라도 막상 실제로 광고를 진행해보면 반응이 없는 경우가 많습니다. 수많은 광고 방문자를 유입시켰는데 매출이 전혀 오르지 않고, 회원가입도 거의 늘지 않는 최악의 상황을 종종 맞이하게 됩니다. 광고의 실패를 확인하는 데는 오랜 시간이 걸리지 않습니다. 마케터가 원하든 원치 않든 간에 광고비를 일정 기간 쓰고 효율이 안 나온다면 결국 광고는 '중지'할 수밖에 없습니다.

언제 광고를 '중지'해야 할까?

일반적으로 비용을 써서 온라인 마케팅을 진행한 후 결과는 세 가지밖에 없습니다.

① 광고 효율이 매우 좋아서 광고비를 늘린다.
② 광고 효율이 적당해서 광고비를 유지한다.
③ 광고 효율이 나빠서 광고를 중지한다.

①번은 매우 드물지만 가장 좋은 경우입니다. 광고를 진행해서 매출, 회원가입, 다운로드 등에서 목표로 삼았던 숫자를 넘어서는 큰 효율이 나온다면 마케터가 원하지 않더라도 근무하는 회사(인하우스 마케터)나 담당하는 광고주(에이전시 마케터)들이 먼저 광고비를 늘려달라고 강하게 요청합니다. 신기하게도 데이터를 잘 보지 않는 회사 임원이나 대표 또는 광고주들도 이 순간만큼은 놓치지 않고 빠르게 광고비 증액을 요청합니다. 이 시기에는 광고비를 얼마나 늘려야 할지 행복한 고민만 하면 됩니다. 광고비를 늘린 만큼 매출이 늘어나는 가장 좋은 경우입니다.

②번은 효율이 애매한 경우입니다. 손실이 있진 않지만 큰 성공도 아니라서 광고비를 늘리기에는 애매하고, 아예 광고를 중지하는 건 아닌 것 같아서 그

냥 광고를 유지하는 경우입니다. 일단 정해진 기간을 유지하거나 같은 광고비로 기간만 연장해서 몇 달간 광고를 유지하는 상황입니다.

③번의 경우는 슬프지만 그냥 광고비 대비 효율이 안 나오는 상황이라서 광고를 중지할 수밖에 없습니다. 목표한 숫자가 안 나온다면 그 손실이 크든지 작든지 간에 광고를 운영하기 쉽지 않습니다. 정해진 기간을 채우고 중지하든지, 아니면 그전에 미리 중지하든지, 결국 중지할 수밖에 없는 상황입니다.

광고비를 절약하려면 언제 광고를 중지해야 할까요? 일반적으로는 3번 상황에서 기간이나 예산을 다 소진했을 때 광고를 중지하게 됩니다. 그런데 광고를 중지하는 건 마케터의 의사가 아니라 회사나 광고주의 요청에 의해서인 때가 대부분입니다. 효율이 너무 나쁘면 정해진 기간이나 예산과 상관없이 중간에 광고를 중지하는 결정을 종종 합니다. 지속적인 비용 손실을 감수하며 광고를 하는 회사는 많지 않습니다. 그러므로 마케터는 2번 상황에서부터 미리 광고를 중지할 시점을 찾아야 합니다.

여기서 핵심은 '회사나 광고주가 요청하기 전에 마케터가 빠르게 먼저 중지한다!'입니다.

광고를 진행하는 순서를 보면 처음에 광고 채널을 결정하고 그 이후 '예산'과 '기간' 이 두 가지를 결정하게 됩니다. 얼마의 광고비를 어느 기간 동안 쓸지를 사전에 결정하는 게 일반적입니다. 예를 들어 '1000만 원의 비용으로 한 달간 구글 디스플레이 광고 진행'을 결정한 후 광고 소재, 타기팅, 노출 시간, CPC, 이벤트 등 세부사항을 마케터가 준비합니다. 하루만 진행하는 단기 광고도 있지만, 최소 2주에서 한 두달 정도 진행하는 게 평균적입니다. 너무 짧게 운영하면 광고 최적화 시간이 부족하기 때문입니다. 특히나 최근 구글, 메타 등 머신러닝machine learning 광고들은 최적화 시간을 보통 최소 2주로 잡고 있습니다.

광고 효율이 떨어져도 정해진 예산과 기간이 있다 보니 일단 끝까지 지켜볼 때도 많습니다. 한 달의 기간을 정했는데 겨우 일주일만 진행하고 광고를 중지하는 결정을 내리는 건 쉽지 않죠. 그러나 이 단계에서 마케터는 조금 더 빠르게 결과를 분석하고 광고를 유지할지 중지할지 결정해야 광고비를 절약할 수 있습니다.

효율이 적당해서 유지만 해도 괜찮은데 왜 광고를 먼저 중지해야 할까요? 어차피 효율이 애매하면 언젠가는 광고를 그만해야 할 수밖에 없습니다. 애매한 수치가 아니라 확실하게 광고비 대비 효율이 나와야만 안정적으로 장기간 운영할 수 있습니다. 그래서 여기서 한 번 멈춘 후 광고 수정 및 기타 다른 부분을 수정 후 재도전을 하는 게 조금 더 안전합니다. 애매한 광고비를 계속 쓰는 건 마케터한테 점점 부담이 됩니다.

마케터가 먼저 광고를 중지하는 결정을 내리면 상사나 유관부서, 담당하는 광고주들은 마케터에 대한 신뢰가 아직은 무너지지 않은 상태이기 때문에 문제점 수정 후 재도전을 수락하는 분들이 많습니다. 특히 계획된 광고비를 다 써버린 게 아니고 남은 광고비로 재도전을 하므로 부담이 적습니다.

마케터의 미덕은 '빠른 인정'이다

처음에 계획한 기간과 예산이 남았을 때는 효율이 안 나오는 걸 알면서도 끝까지 기다리기도 합니다. 시간이 지남에 따라 초반에 비해 효율이 좋아지는 경우가 아예 없는 건 아니지만 대부분은 초반 추세가 끝까지 유지될 때가 더 많습니다. 다음 기회를 노리기 위해서는 **빠르게 실패를 인정하고 개선 후 재도전을 하는 게 유리합니다.**

새로 진행하는 건뿐만 아니라 장기간 진행한 광고의 효율이 떨어질 때도 과감하게 비용을 줄이거나 중지하는 결정도 절약하는 데 큰 도움이 됩니다. 장기간 운영했다고 지속적으로 비슷한 효율이 나오는 건 아니기에, 상황에 맞게 비용을 크게 줄이는 테스트도 필요합니다. 줄인 광고비로 새로운 광고 채널을 테스트할 수도 있고, 아예 광고비를 절약해서 서비스나 상품 개선 후 다음 달에 과감한 증액 테스트 등 더 다양한 도전을 할 수 있습니다.

이런 결정을 내리는 게 당연히 쉽지는 않습니다. 그러나 운영하는 광고비가 크든지 적든지 간에 자신이 준비하고 진행한 광고의 실패를 빠르게 인정하는 건 매우 중요합니다. 이 결정으로 많은 비용을 절약할 수 있습니다.

실제 예를 들어보겠습니다. 저는 카카오 광고로 월 6000만 원을 사용하다가 월 2000만 원으로 줄이는 결정을 한 적이 있습니다. 카카오 광고는 장기간 운영해서 효율도 꽤 안정적이고 광고에 대한 믿음이 있는 상태였습니다. 그러나 광고 효율이 떨어지고 있음을 알면서도 계속 같은 비용을 유지할 수는 없기에, 제가 먼저 광고 비용을 크게 줄이는 결정을 한 겁니다.

마케터가 먼저 광고 실패를 인정하는 건 어렵습니다. 다른 핑계를 대고 싶을 때가 많습니다. 제품, 서비스, 가격, 홈페이지, 경쟁 업체, 시즌적 요인, 외부 환경의 변화 등 어떻게든 다른 원인을 찾게 됩니다. 그러나 실제로 광고가 아닌 다른 원인이라고 해도 변하는 건 없습니다. 돈을 가장 많이 쓰는 광고

(마케터)가 가장 큰 책임을 진다는 점은 언제나 똑같습니다.

이렇듯 광고비를 절약하는 방법을 계속 찾는 이유는 마케터가 절약하지 않는다면 절대로 어떤 대표나 광고주도 믿고 광고비를 맡기지 않기 때문입니다.

인하우스 마케터라면 재직 중인 회사의 광고비를 관리해야 하고, 에이전시 마케터는 다수 광고주의 광고비를 관리하게 됩니다. 관리하는 광고비가 많든지 적든지 상관없이, 마케터에 대한 신뢰가 없으면 절대로 광고비를 쉽게 맡기지 않습니다. 그 신뢰는 '**마케터는 광고비를 절대 함부로 쓰지 않는다!**'라는 가장 기본적인 원칙에서 시작합니다. 적게는 몇백만 원, 많게는 억대의 광고비를 계속 쓰다 보면 종종 비용에 무감각해질 때가 있습니다. 적은 비용은 무시할 때도 종종 있습니다. '겨우 100만 원을 쓸 때도 마케터의 책임이 있나?'라는 생각이 들 때도 있습니다.

그러나 아무리 경력이 쌓이고 관리하는 광고 예산 규모가 커져도 '**광고비가 만약 내 돈이라면 이렇게 함부로 쓸 수 있을까? 내 돈이라면 이렇게 효율이 안 나오는 광고를 계속 유지할 수 있을까?**'라고 생각하며 일해야 합니다. 마케터가 광고비를 내 돈처럼 아끼는 순간부터 서로 간의 신뢰가 쌓이고, 다음 단계로 같이 나아갈 수 있습니다. 두려워하지 말고 먼저 광고를 중지하는 용기를 꼭 발휘하길 바랍니다.

광고에도
실패할 여유가
필요하다

— 1 - 7 —

실패해도 괜찮은 환경 만들기

광고를 진행하고 실패하는 자체가 너무 두려울 때가 있습니다. 광고비의 커다란 손실뿐만 아니라 그로 인해 회사의 성장이 멈추고, 매출이 하락하고, 회원가입이 줄어들고, 다운로드 수가 줄어드는 최악의 상황을 온라인 마케터라면 종종 맞이하게 됩니다. 그러나 마케터라면 실패의 경험을 절대로 피할 수는 없습니다. 그 어떤 천재적인 마케터라고 하더라도 모든 광고를 성공시킬 수는 없습니다.

크든지 작든지 수많은 실패를 경험하다 보면 중요한 순간에 두려움에 빠져 안전한 선택만 하게 될 때가 있습니다. 안전하고 무난한 선택이 꼭 나쁜 건 아니지만 계속 도전해야 하는 마케터에게는 그리 좋지 않은 습관이 생기게 됩니다. 그리고 광고 실패의 책임을 회피하기 위해 광고 운영의 중요한 결정을 윗선에만 넘기는 경우도 생기게 됩니다. 그래서 **마케터는 꼭 실패할 여유가 필요합니다.**

실패에도 쉽게 흔들리지 않고, 그 원인을 냉정하게 분석하고 빠르게 개선해 바로 새로운 도전을 계속해야 마케터는 성장할 수 있습니다. 하지만 실제로 잦은 실패와 광고비 손해를 직접 마주하게 되면 견디기가 어려운 게 현실입니다. 이처럼 어렵고 힘든 상황에서 여유를 가질 수 있는 방법은 무엇이 있을까요?

버틸 수 있는 최소한의 비용만 사용한다

광고의 실패는 곧 비용의 손실입니다. 그래서 꼭 새로운 온라인 광고나 광고 소재, 캠페인을 진행할 때는 가능한 최소한의 광고비로 가볍게 시작하는 것이 좋습니다. 가급적 **운영할 수 있는 광고 예산의 10% 미만**을 추천합니다. 실패를 하더라도 90%의 광고비가 남아 있기 때문에 또다시 여러 번 시도할 수 있습니다.

예를 들어 총 광고비 예산이 월 1000만 원이라면 신규 광고나 캠페인에 100만 원 정도를 쓰는 게 안전합니다. 월 예산이 1억 원이라면 5%인 500만 원으로도 충분히 새로운 광고를 시도하고 효율을 검증할 수 있습니다. 만약 처음 시작한다면 더 안전하게 더 적은 비용으로 시작해보는 것도 좋습니다. 그럼 몇 번의 실패를 하더라도 일단 여유를 가지고 문제 원인을 찾아 해결할 시간을 벌 수 있습니다.

종종 일부 회사나 광고주는 처음부터 단기간 내 거액의 광고비 지출로 멋진 시작과 큰 성공을 노리곤 합니다. 그러나 이렇게 큰 광고비로 시작해 실패한다면 다음 기회를 노리는 것 자체가 쉽지 않습니다.

마케터의 의지와 상관없이 단기간 내에 엄청난 광고비를 써야 하는 상황도 있습니다. 신규 서비스 런칭, 신제품 출시 때에는 빠르게 거액의 광고비를 써야 하죠. 그러나 이런 상황이라도 일단 조급해하지 말고 적은 광고비를 사용해보고 광고비 대비 효율이 나올 수 있는지 안전하게 확인 후에 보다 많은 광고비를 사용해야 커다란 실패를 막을 수 있습니다. 성공을 하면 가장 좋겠지만 만약 **실패를 하더라도 작은 실패를 하고 큰 실패는 피해야 합니다.**

목표를 가장 현실적인 수치로 잡는다

온라인 광고는 목표를 최대한 현실적으로 잡고 진행하는 게 좋습니다. 목표가 너무 높으면 어느 정도 성과가 나와도 실패로 여겨지기 때문에 여유가 없어집니다.

일반적으로 광고 수익률(ROAS)을 기준 삼아 대략 300~500%로 목표를 잡는 경우가 많습니다. 예를 들어 100만 원의 광고비를 써서 300만 원 매출 달성을 목표로 정합니다. 이 목표를 달성해도 회사는 손해를 봅니다. 300만 원의 매출에서 100만 원의 이익을 낼 수 있는 회사는 많지 않기 때문에 광고비가 커지면 커질수록 손실을 입을 수밖에 없어서 ROAS를 1000% 이상으로 잡기도 합니다. 그러나 냉정하게 ROAS 1000%라는 목표는 달성이 매우 어렵다는 사실을 인정해야 합니다. 이미 크게 성공한 회사들의 광고 결과를 기준으로 삼게 되면 대부분은 실패하게 됩니다.

저는 새로운 광고를 진행할 때 1차 테스트 목표를 언제나 ROAS 100%로 잡고 진행합니다. 광고비 100만 원을 사용해서 매출액 100만 원이 나오는 게 목표입니다. 당연히 손해인 걸 알고 있지만 그럼에도 냉정하게 새로운 광고.

새로운 캠페인, 새로운 광고 소재에서 엄청난 성과가 나올 거라고 희망을 품지는 않습니다. **손실을 줄이는 데만 초점을 맞추고 가장 적은 광고비로 빠르게 실패해서 새로운 광고를 경험하고 배우는 데 집중합니다.** 그러다가 여러 번의 실패와 시도 끝에 단 한 번만이라도 기대 이상의 효율이 나오는 걸 확인하는 순간, 광고비를 크게 늘리고 ROAS 1000%에 도전합니다.

목표를 낮게 잡는 건 목표 달성을 못할까 봐 겁을 먹고 일부러 낮추라는 뜻이 아니라, 가장 현실적이고 냉정한 목표를 정해야 마케터와 회사가 여유를 가지고 새로운 시도를 여러 번 할 수 있기 때문입니다.

실패를 인정해주는 회사와 광고주를 찾는다

작은 실패라도 절대 용납을 안 해주는 회사와 광고주들이 간혹 있습니다. 마케팅 실패의 책임이 오직 마케터에게만 있지 않고 서비스, 상품, 경쟁 회사 등 다양한 원인이 있음에도 **그저 모든 원인을 마케터한테 돌리는 곳을 피하는 것도 마케터의 능력 중 하나입니다.**

인하우스 마케터라면 일단 취업과 이직을 할 때 신중히 검토해야 합니다. 에이전시 마케터라면 아무리 실적이 급해도 단기간 내에 커다란 성공만 바라는 광고주를 피할 필요가 있습니다. 그러나 현실적으로 이런 회사나 광고주를 피할 수 없는 상황이라면 광고비를 사용하기 전에 최대한 설득해야 합니다. 광고를 시작하기만 하면 엄청나게 매출이 오르고, 회원가입이 몇 배나 늘고, 앱 다운로드 수가 몇십 배 증가할 거라는 희망을 주기보다는 냉정하고 현실적인 상황을 설명하고 한 번의 실패에서 끝나지 않고 여러 번의 도전이 필요하다는 걸 미리 알려주고 설득해야 합니다.

실패를 인정해주는 회사와 광고주를 만나면 마케터는 여유를 가지고 실력을 키울 수 있고, 회사 입장에서도 장기적으로 '마케터의 성장이 곧 회사의 성장'이라는 걸 알게 되는 순간 양쪽 모두 큰 성장을 할 수 있습니다.

스스로 실패에 익숙해져야 한다

마케터로서 광고의 실패를 인정하는 건 어렵습니다. 숨기고 싶고 다른 핑계를 찾고 싶을 때가 많죠. '광고비가 부족했다! 준비할 시간이 부족했다! 계절 이슈가 있었다! 경쟁사 이벤트가 너무 강했다!' 등 다양한 원인을 찾게 됩니다. 그러나 근무하는 회사 혹은 광고주에게 숨길 수는 있어도 스스로의 실패는 누구보다 잘 알 수밖에 없습니다.

빠르게 인정하고 모든 걸 솔직히 공유하는 게 매우 중요합니다. 마케터가 실패를 공유하면 회사나 광고주들은 오히려 본인들의 부족함을 깨닫게 됩니다. 노출만 하면 엄청난 성공을 거둘 거라고 생각한 신제품이나 서비스, 앱에 막대한 비용을 썼는데 반응이 없는 냉정한 현실을 보게 되면 다 같이 문제점을 찾고 개선을 시작하게 됩니다.

그리고 실패했다고 포기하는 게 아니라 끊임없이 재도전하는 게 중요합니다. 몇 번이나 실패한 광고는 마케터나 회사 차원에서 포기하는 경우가 많은데 이는 장기적으로 위험할 수 있습니다. 예를 들어 디스플레이 광고만 주력으로 하는 회사가 동영상 광고에서는 효율이 안 나온다고 계속 디스플레이 광고의 비용만 늘리고 확장한다면 어느 순간 환경 변화에 적응을 못하고 전체 광고 효율이 흔들리게 됩니다. 온라인 광고는 검색 광고에서 디스플레이 광고 그리고 동영상 광고로 변화해왔습니다. 그다음에 무슨 광고가 나올지 아무도 모르므로 새로운 광고에 끊임없이 도전하며 적응해야 합니다. 두려워하지 말고 언제나 새로운 광고에 도전하는 마케터만이 변화하는 환경에 살아남을 수 있습니다.

광고에 실패할 여유가 마케터한테는 꼭 필요합니다. **여유가 있어야 주위를 둘러보게 되고 문제점이 보이면서 진짜 원인을 찾게 됩니다.** 하지만 여러 번의 기회를 주거나 오랜 시간 기다려주는 대표나 광고주는 많지 않습니다. 성과가 없으면 기회조차 얻지 못하는 게 현실이라 대부분의 마케터는 그저 빠른 성과를 내기 위해 단기적으로 무리하는 경우가 많습니다.

마케터로서 성공에 익숙해지는 게 좋지만, 실패에도 익숙해질 필요가 있습니다. 매번 패배의식을 가지라는 게 아니라 목표를 반드시 달성하겠다는 강한 의지와 희망은 가지되 객관적인 현실을 인정하고 실패 시 다음 기회를 노리자는 뜻입니다. 모든 걸 걸고 최선을 다했는데도 실패했을 때는 충격이 엄청납니다. 힘들더라도 부족함을 인정하고 아주 조금이라도 여유를 가지길 바랍니다. 시간은 많이 걸려도 끝까지 포기하지만 않는다면, 언젠가 원하는 결과를 얻을 확률이 아주 조금이라도 높아집니다. 마케터에게는 한 번의 실패가 절대로 끝이 아니라 그때부터가 시작이라는 걸 꼭 기억하길 바랍니다.

마케터는 광고 이전에
상품과 고객부터 봐야 한다.

2장

100만 원으로 시작하는
온라인 광고

실패를 통해 살아남는 법을 배우기

100만 원으로 팔지 못하면
1억으로도 팔 수 없다.

AD expense

적당한 광고비란 과연 얼마인가?

/

1%

단 1%만이 1억의 광고비를 쓸 자격이 생긴다.

customer

대표나 광고주가 아닌 고객이 좋아하는 광고를 만들어야 한다.

/

basic

언제든 다시 기본으로 돌아갈 수 있어야 한다.

100만 원으로
광고 시작하기

가장 현실적인 비용으로 광고하는 법

현실적으로 광고비는 얼마부터 시작해야 할까요? 당연히 광고비는 많으면 많을수록 좋습니다. 하지만 처음에는 100만 원 정도로 광고를 시작하는 게 안전합니다. 만약 100만 원이라는 금액을 보고 "겨우 그 돈 가지고 무슨 마케팅을 한다는 거지?" "100만 원은 한 시간 마케팅 비용도 안 되는데!"라는 생각을 했다면 아직 실패를 많이 경험해보지 않았거나 예산 여유가 있어 몇천만~몇억 원 정도는 잃더라도 큰 상관이 없는 곳에 계신 분들일 겁니다.

아니면 "100만 원도 적은 돈이 아닌데"라고 생각했다면 본인 돈으로 직접 회사를 어렵게 운영하는 소기업 대표, 아직 큰 투자를 받지 못한 스타트업 마케팅 실무자, 몇 번의 실패를 통해 광고비의 무서움을 아는 마케터와 같이 100만 원의 무게를 잘 알고 있는 분들입니다.

간혹 100만 원으로 광고를 시작하는 걸 부끄러워하는 이들이 있습니다. '경쟁 업체와 비교해 너무 광고비가 적어서, 적은 비용으로 마케팅을 시작하는 게 자존심이 상해서' 같은 이유죠. 그런데 만약 매출액과 이익을 생각하지 않고 처음부터 겁 없이 광고비를 몇천만 원, 몇억 원으로 시작한다고 가정했을 때 실패한다면 그 책임은 누가 질까요? 마케터에게 계속 기회가 있을 거라고 착각하면 안 됩니다. 아직 예산이 부족한 중소기업이나 스타트업에서 몇천만 원의 비용 손실이 발생한다면 회사가 살아남을 수 있을까요? 당연하게도 모든 마케팅이 무조건 성공하지 않습니다. 그렇지만 100만 원으로 테스트 마케팅을 해서 실패하는 건 큰 손실이 아니라서, 다음 기회를 노릴 수 있고 회사도 그 정도 손실은 감당할 수 있습니다.

그리고 '단순 100만 원'이 아닙니다. 이 광고비를 쓰기 위해서 회사에서는 최소 10~20배 이상의 매출액을 만들어야 합니다. 신제품 출시 등 특수 상황을 제외하고 일반적인 회사에서 광고비는 (예상) 매출액의 10~20%로 책정합니다. 그리고 광고비를 쓰기 전에 같이 일하는 동료들이 많은 시간과 노력을 들여가면서 상품이나 서비스를 기획하고, 만들고, 영업을 하고 있다는 사실을 절대 잊으면 안 됩니다.

또 100만 원 정도면 테스트하려는 광고 채널이 효율이 나오는지 안 나오는지 충분히 확인 가능합니다. 업종마다 차이가 있지만 평균 CPC(클릭당 비용)가 500원이라고 하면 총 2000명의 방문자 유입이 가능하고, 이 정도 방문자면 광고 효율 확인이 가능합니다. 모수가 적어서 부족하다고 볼 수도 있지만 모수를 늘리려면 광고비가 증대하기 때문에 허용 수치 안에서 가장 적은 비용으로 테스트한다고 보면 됩니다. 단, 100만 원 미만은 모수가 너무 적어져서 테스트가 어렵습니다.

일단 적은 비용이라도 1차 테스트를 해서 좋은 결과가 나오면 천천히 비용을 늘리면서 안전하게 광고비를 관리하면 됩니다.

제가 생각하는 원칙은 이렇습니다. '**100만 원 마케팅으로 효율이 안 나온다면 1000만 원을 써도 효율이 안 나온다!**' 광고비가 부족해서 실패했다는 생각만큼 위험한 건 없습니다. 상품과 서비스가 좋으면 아무리 적은 광고비를 사용해도 효율이 나옵니다. 그런데 광고비가 적어서 실패했다는 착각으로 계속 광고비를 늘리다 보면 큰 손실을 입게 됩니다.

100만 원은 절대 적은 비용이 아닙니다. 이 비용으로 다양한 시도를 해봐야 하고, 만약 실패해도 광고비가 부족해서가 아닙니다. 비용 외적으로 어떤 부분이 부족했는지 파악하고 재시도를 하기에도 용이한 매우 효율적인 광고비입니다.

카카오 광고 100만 원
실패 사례

2 - 2

모바일 광고에서 실패하기

'카카오 비즈보드 광고'는 카카오톡에 노출되는 광고를 말합니다. 모바일 광
고 시장에서는 절대로 빠지지 않는 중요 광고 중에 하나입니다. 저도 이 광
고가 출시되자마자 여러 번 테스트했고 많은 실패를 경험했습니다.

카카오 비즈보드 광고 소개 페이지

이 광고가 처음 나오자마자 준비해서 100만 원의 광고비로 1차 테스트를 시도했으나 실패한 사례부터 소개합니다.

- 예산: 100만 원
- 기간: 5일(3월 1일(월)~6일(금) 진행)
- 목표 회원가입 수: 30명
- 목표 전환율: 1%

카카오 비즈보드 광고 설정 화면

일단 당시 유행하는 무난한 세팅으로 시작했습니다. 관심사, 나이 및 지역, 리타기팅 이 세 가지를 기본으로 일 예산 20만 원으로 일주일 동안 진행하며 결과를 기다렸습니다. 여기서 결과는 GA 기준으로 UTM$^{Urchin Tracking Module[01]}$으로 설정 후, 회원가입 기준으로 결과를 확인하기로 했습니다.

초반 테스트에서 중요한 건 광고 세팅보다는 광고 소재입니다. 각 그룹에 광고 배너 소재를 미리 10개 이상 준비하고 매일 효과가 떨어지는 소재를 중지합니다. 광고 소재를 1~2개 정도 테스트하는 건 너무 부족합니다. 디스플레이 광고에서는 소재가 중요하니 미리 많은 소재를 준비하는 게 좋습니다.

---

01 웹 주소 URL 뒤에 붙는 일종의 꼬리표. 이 꼬리표를 통해 어떤 경로로 유저가 유입되었는지 확인할 수 있다.

결과

– 총 클릭 수: 3351명

– CPC: 303원

– 총 광고비: 101만 6532원

– 회원가입: 17명 (구글 GA UTM 설정으로 확인된 카카오 비즈보드를 통한 가입 결과)

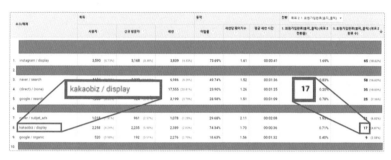

5일 100만 원 광고의 결과

3351명이 클릭했고 그중 17명이 가입했습니다. 전환율은 0.51%입니다. 1% 전환율이 목표였는데 절반밖에 못했으니 결론적으로 실패입니다. 도대체 왜 3351명 중 고작 17명만 회원가입을 했을까요? 특히 GA 기준으로 비슷한 방문자 수인 인스타그램 광고는 3590명이 들어와서 65명 가입, 네이버 검색 광고는 58명 가입이므로 차이가 큽니다. 카카오톡이 네이버와 인스타그램과 비교해서 효율이 떨어지는 채널이 아니라고 생각했는데 실패 이유가 궁금해집니다.

카카오톡 상단에 나가는 배너 광고이므로 일단 실패 1순위는 '광고 배너 소재', 2순위는 '관심사 세팅 설정이 잘못되었음', 3순위 '모바일 랜딩 페이지가 부족함' 이렇게 세 가지 이유로 일단 결론을 내봅니다.

실패 원인 분석이 너무 간단한가요? 리텐션^{retention}[02], 체류 시간, 소재별 CTR^{Click-Through Rate}[03] 등을 왜 안 보냐며 반문할 수 있지만 일단 가장 틀리지 않는 숫자! '광고비 100만 원으로 3351명이 클릭하고 단 17명이 회원가입을 했다.' 이 결과가 나온 이상 나머지는 사후 분석에 불과합니다. 어차피 99%가 이탈한 상태라면 분석할 시간에 빠르게 소재를 변경하고, 세팅을 바꾸고, 모바일 페이지 랜딩을 수정하는 게 더 효과적입니다.

실패 원인 1순위가 배너 소재라고 생각했던 이유는 배너 사이즈가 다른 광고에 비해 매우 작습니다. 이걸 감안하지 않고 다른 광고 배너들과 비슷한 구성으로 만들어 문제가 생겼다고 파악했습니다. 그래서 다시 광고 배너를 채널 특성에 맞게 10개 정도 신규 제작했습니다.

2순위 원인은 관심사 세팅입니다. **관심사 세팅이 너무 좁으면 CPC가 올라가고 너무 넓으면 CPC는 내려가지만 전환이 떨어집니다.** 이 중간 지점을 찾는 건 매우 힘듭니다. 일단 처음에 관심사를 너무 좁게 설정한 것으로 판단해서, 이걸 조금 넓히기로 결정합니다. 관심사 세팅은 정답이 있는 게 아니니 다양한 관심사를 한 개씩 테스트하는 게 도움이 됩니다.

3순위 원인은 랜딩 페이지 문제. 이 부분은 모든 광고 실패 시 나오는 필수 원인입니다. 체류 시간과 이탈률을 줄이기 위해서는 끊임없이 수정할 수밖에 없습니다. 이벤트도 추가하고 전체 순서도 바꿔서 다음 노출을 준비합니다.

그렇지만 일단 결과가 안 좋으니 현재 광고를 중지하기로 결정했습니다. 예

---

[02] 특정 기간 동안 활성화된 유저 혹은 고객의 수.
[03] 광고가 클릭된 횟수를 링크나 광고가 표시된 횟수, 혹은 메일 발송 횟수로 나눈 값.

산이 남았다고, 원래 계획한 테스트 기간이 한 달이라고 광고를 유지할 필요는 없습니다. 중간이라도 실패가 확실하면 광고는 그 즉시 중지해야 합니다. 가장 중요한 지점입니다. 3351명이 들어와서 전환율이 1%가 안 되는데 만약 10배인 3만 명이 들어온다고 전환율이 높아질까요? 이런 헛된 희망으로 광고비를 낭비할 수는 없습니다.

미련을 가질 필요 없이 수정 후 재노출을 하면 됩니다. 일주일 동안 테스트를 하며 이미 3일 차 수요일쯤에 실패를 예감하고 있었습니다. 약 1500명이 들어왔는데 회원가입이 8명 정도였으니까요. 그렇지만 절망적인 수치는 아닙니다. 제가 현재 광고하고 있는 업종은 전환율 1%를 넘기는 게 원래 매우 힘듭니다. 처음 테스트에서 0.5% 정도가 나오는 건 카카오톡 비즈가 꽤나 좋은 광고라는 뜻입니다.

이미 수요일부터 다음 주에 2차 테스트를 할 광고 배너 소재 및 랜딩 페이지 수정 작업을 시작해서 금요일에 완료했습니다. 다음 2차 테스트에서 기존과 전혀 다르게 진행할 준비가 된 상태라서, 100만 원이 매우 아깝지만 다시 기회를 노립니다.

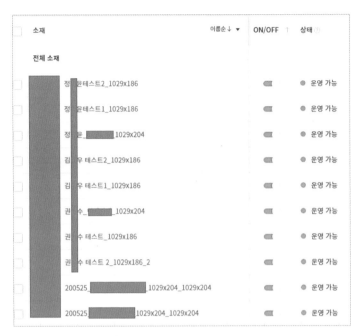

소재	이름순 ↓ ▼	ON/OFF	상태 ⑦
전체 소재			
정○윤테스트2_1029x186		●	● 운영 가능
정○윤테스트1_1029x186		●	● 운영 가능
정○윤_____1029x204		●	● 운영 가능
김○우 테스트2_1029x186		●	● 운영 가능
김○우 테스트1_1029x186		●	● 운영 가능
권○수_____1029x204		●	● 운영 가능
권○수 테스트_1029x186		●	● 운영 가능
권○수 테스트 2_1029x186_2		●	● 운영 가능
200525_____1029x204_1029x204		●	● 운영 가능
200525_____1029x204_1029x204		●	● 운영 가능

광고 소재 테스트 ON/OFF 현황

이미지에서 소재 현황을 보면 약 10개가 넘는 광고 배너를 제작해서 무작위로 테스트하고 효율이 떨어지면 설정 패널에서 즉시 OFF 설정합니다. 예를 들어 이름이 있는 소재들은 저를 포함해서 저희 팀원들이 마케팅 팀장인 제 허락 없이 자유롭게 만든 소재입니다. 직급이나 경력이 중요한 게 아니라 결과가 좋은 아이디어가 최고의 아이디어라고 생각하고, 신입이든 다른 팀이든 모두 참여 가능합니다. 그중에서 1주일 노출 후 결과가 좋은 광고 배너를 사용합니다.

광고 아이디어는 과정보다는 결과가 중요해서 무조건 팀장 의견이 우선이 아니라, 그저 결과가 좋은 아이디어를 냉정하게 찾으려고 노력합니다. 어떤 아이디어가 좋았는지는 실제 광고를 테스트하기 전까지는 아무리 분석해도 예상하기 힘듭니다. 마케팅 팀장, 회사 대표, 광고주가 좋아한다고 좋은 광고가 아니라 **실제 고객이 좋아하는 광고가 최고의 광고입니다.**

저도 처음에는 마케팅에 대한 자존심이 있어서 그 누구도 제 광고를 건드리지 못하게 하고 제 아이디어가 최고라고 생각하는 시절이 있었습니다. 그러나 계속 일을 하다 보면 '도대체 왜 이 마케팅이 성공한 거지?' 하는 궁금증이 생기는데 아무도 설명을 못할 때가 있습니다. 그래서 어느 시점부터 제 의견보다는 그냥 고객들이 좋아하는 걸 선택하기로 했습니다. 그래서 외부 대행사, 내부의 다른 팀, 마케팅팀 막내 등 그 누구의 의견도 무시하지 않고 공평하게 일주일 동안 테스트하고 결과가 좋으면 채택하기 시작했습니다. 이렇게 하면 실패 확률이 아주 조금이라도 줄어들게 됩니다. 실패를 하더라도 냉정하게 분석해서 다시 반복하지 않는 게 중요하고, 서로 누가 잘못했는지 따지는 건 의미가 없습니다.

네이버 GFA 광고
100만 원 실패 사례

2-3

바꾸지 못하는 것 빼고 전부 바꾸기

온라인 광고 중에는 네이버의 GFA^Glad For Advertiser(성과형 디스플레이 광고)라는 광고가 있습니다. 네이버 메인 영역의 디스플레이 광고가 기존에는 CPM 방식으로 매우 비싸다 보니 대형 광고주만 가능했는데, 이 영역이 CPC 방식으로 나온다고 해서 2020년 출시되자마자 바로 테스트했습니다.

- 예산: 100만 원
- 기간: 7일(3월 16일(월)~23일(월))
- 목표 회원가입 수: 30명
- 목표 전환율: 1%

이 광고를 테스트하기 전에 솔직히 자신이 있었습니다. 다른 광고 채널도 아니고 우리나라에서 검증된 1등 광고 채널인 네이버에서 나온 디스플레이 광고, 거기다 이미 광고 소재나 노출 영역들이 기존에 다른 광고 채널에서 효과를 본 부분과 겹쳐서 광고 소재에 대한 자신감도 충분했습니다. 실패는 생각지도 않고, 도대체 얼마나 큰 효과가 있을지 기대감을 갖고 누구보다 빠르게 하고 싶은 생각만 앞섰습니다. 하지만 결과부터 말하자면 역시나 실패! 그것도 '대실패'를 하고 말았습니다.

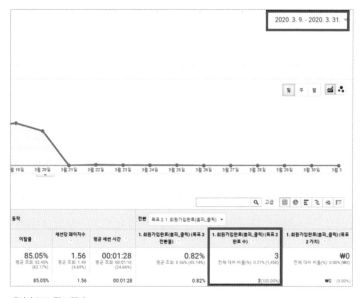

네이버 GFA 광고 결과

결과

- 광고비: 129만 원
- 클릭 수: 2270명
- 회원가입: 3명
- 전환율: 0.13%

총 2270명이 클릭했는데 GA로 파악된 회원가입 수는 단 3명! 전환율 0.13%이라는 처참한 수치가 나왔습니다. 비용이 계획했던 100만 원을 초과해서 129만 원이 된 건 테스트 첫날부터 수치가 믿기지가 않아서, 온갖 소재를 테스트하고 세팅을 거의 매일 변경해서 그렇습니다. **실패인 걸 이미 알고 있지만 그럼에도 혹시나 성공을 기대한 정말 좋은 실패 사례라고 보면 됩니다.**

다음의 네이버 GFA 설정 이미지를 보면 최근 유행하는 광고 채널과 비슷한 세팅이 전부 가능합니다. 맞춤 타깃, MAT 타깃, 성별, 나이, 관심사, 키워드, 수동 입찰, 자동 입찰, 소재별 최적화 등 솔직히 네이버, 구글, 카카오, 메타 등 대형 광고 채널들의 세팅은 점점 비슷해져 가고 있습니다.

네이버 GFA 설정 화면

광고 세팅이 비슷하면 기존에 다른 광고에서 성공한 세팅이나 광고 소재를 안전하게 새로운 광고 채널에 적용할 수 있다는 장점이 있습니다. 실패의 확률을 줄여주기 때문에 대부분 광고 세팅이 비슷하게 됩니다. 이번에 네이버 GFA 설정은 비슷한 다른 디스플레이 광고에서 수많은 광고비를 사용하면서 검증된 형식이었습니다. 광고 배너, 나이, 관심사, 카테고리 등 충분히 안전하게 설정했음에도 불구하고 처절하게 실패를 한 원인이 도대체 무엇인지 아직도 찾지 못했습니다. 실패 원인을 모르면 2차 테스트를 하기 매우 힘듭니다.

원인 분석은 현재 진행형이지만 결과는 냉정합니다. 기준으로 삼은 GA 기준 회원가입 숫자가 겨우 3명이면, 일단 광고를 중지하는 수밖에 없습니다. 미련이 남아서 '2270명 중 10명 정도가 즐겨찾기나 다른 광고로 회원가입을 했을 거다!'라는 복합적인 분석을 하는 것도 너무 우스운 것 같아서 깔끔하게 실패를 인정하기로 했습니다.

네이버나 카카오 광고는 광고 시장에서 점유율이 매우 크기 때문에 실패의 원인이 광고가 아닌 마케터의 잘못일 확률이 매우 높습니다. 실패 원인을 광고 채널로 돌리는 건 아마추어의 행동입니다. 다른 마케터들은 해당 광고로 효과를 보고 있는데 나만 운이 없어서, 나랑 안 맞아서 실패를 했다는 생각을 해봤자 결과는 바뀌지 않습니다. 실제 광고 실패 사례를 소개하며 제가 중점적으로 말하고 싶었던 건 다음 세 가지입니다.

– 온라인 마케팅은 성공보다는 실패 확률이 10배는 높다.
– 한 번의 실패를 하더라도 광고가 안 좋다는 핑계 대신, 꼭 수정 후 2차 테스트를 하라.
– 테스트 광고비를 100만 원으로 하는 것은 1차 테스트에서 1000만 원을 테스트하고 실패하면 2차 테스트에 또 1000만 원을 써야 해서 위험 부담이 크기 때문이다. 한정된 광고 예산에서 효율 측정이 가능한 최저치로 온라인 마케팅을 시작해야 한다.

실패했는데도 변화 없이 또 똑같은 광고를 진행하는 건 정말 최악입니다. 처음에 회사나 광고주들이 정한 광고 예산과 기간이 남았다고 해서 효율이 없는데 그대로 광고를 유지하는 상황을 생각보다 많이 봅니다.

"실패한 광고에서 무엇을 변경해야 효과가 있을까요?"라는 질문을 가장 많이 받습니다. 그때마다 드릴 수 있는 답변은 다음과 같습니다. **"모든 걸 바꿔야 합니다. 광고 배너, 광고 세팅, 심지어 랜딩 페이지나 이벤트 등 바꾸지 못하는 걸 빼고는 전부 바꿔야 합니다."** 할 수 있는 걸 전부 개선하며 발전하지 않으면 절대 좋은 결과는 나오지 않습니다.

구글 스마트 디스플레이 700만 원 실패 사례

2-4

규모가 주는 무게감

저만의 마케팅 원칙은 앞서 말했듯 다음과 같습니다. '광고 예산이 아무리 많아도 일단 신규 광고 채널의 1차 테스트는 가급적 100만 원으로 시작한다!' 그러나 간혹 이 예산으로는 테스트가 불가능한 광고가 있습니다. 머신러닝 학습 기간이 충분해야 하거나 CPM 광고라는 이유 등으로 최소 500만 원 ~1000만 원 이상이어야 시작할 수 있는 광고들이죠.

이런 광고들은 테스트하기 전에 최대한 고민하고 집중합니다. 100만 원의 실패와 1000만 원의 실패는 다르기 때문에 함부로 진행하지 않습니다. 이 실패 사례를 공유하는 이유는 **광고 예산이 아무리 많더라도 초기 광고비로 100만 원을 추천하는 이유**를 보여주기 위함입니다. 이 정도 금액의 실패는 타격의 무게가 다릅니다. 다음 광고는 기존 구글 GDN 디스플레이 캠페인에서 신규로 나온 스마트 디스플레이 캠페인이었습니다. 간단하게 설명하자면 구글 머신러닝이 마케터 대신 알아서 다 효율을 내주는 광고입니다.

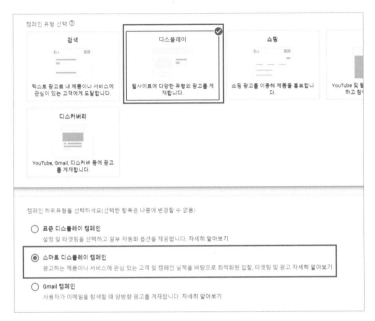

구글 스마트 디스플레이 캠페인 설정 화면

그런데 이 광고를 진행하기 위해서는 최소 2주 동안 일 예산 50만 원으로 진행해야 합니다. 머신러닝 학습 기간이 있기 때문입니다. 그러면 초기 테스트 비용만 700만 원입니다. 다른 광고 채널에서는 7번이나 테스트할 수 있는 큰 비용입니다. 그래서 매우 신중히 검토 후 테스트했습니다. 최대한 어떤 광고인지 깊이 분석하고, 광고 소재만 20개 이상 준비했습니다.

구글 GDN 스마트 디스플레이 캠페인 계획

- 기간: 15일 (8월 1일~15일)

- 예산: 700만 원

- 목표 회원가입 수: 200명

- 목표 전환율: 1%

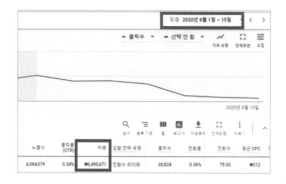

그러나 저도 오랜만에 작은 실패(적은 광고비)가 아닌 많은 실패(많은 광고비)를 했습니다. 다음 결과 기준은 GA 기준으로 UTM 설정 후 확인했습니다. 다른 광고들과 동일한 기준이었습니다.

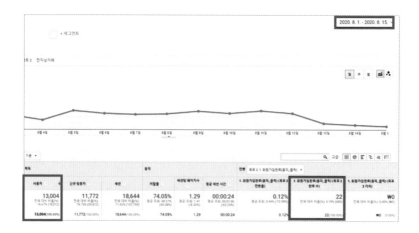

결과

– 광고비: 649만 원

– 회원가입 수: 22명

원래 계획된 예산은 구글이 추천하는 2주간 700만 원이었지만 도저히 기다리지 못하고 중간에 중지하여 649만 원을 썼습니다. 1만 3004명이나 클릭했지만 회원가입 22명이라는 처참한 결과가 나왔습니다. 평소 같았다면 효율이 너무 낮아서 1주일쯤에 중지했어야 하는데 구글 머신러닝의 학습 기간이 2주라는 점에서 끝까지 기다렸지만 12일쯤에 백기를 들 수밖에 없었습니다.

준비를 철저히 했다고 생각했지만 이 광고는 제가 중간에 손댈 부분이 없는 머신러닝 광고이다 보니 그저 바라만 볼 수밖에 없었습니다. 광고 소재를 무려 20개 이상 준비했지만 전혀 소용이 없었습니다. 실패 원인이 명확하지도 않은 매우 힘든 경우입니다. 머신러닝 광고가 마케터들을 편하게 해주지만 실패 시 원인을 찾기는 더욱 어렵기 때문에 아직은 진행에 매우 신중해야 합니다.

일단 1차 테스트에서 649만 원을 사용했기 때문에 만약 제가 광고 소재나 세팅을 수정 후 또 2차 테스트를 위해서는 1차와 비슷한 700만 원으로 테스트해야 합니다. 이런 위험 부담을 감수하는 건 경력이나 예산이 많아도 쉽지 않은 결정입니다.

그래서 어떻게든 온라인 마케팅 1차 테스트는 회사가 운영할 수 있는 광고 예산에서 최저치로 해야 실패를 하더라도 다음에 또 부담 없이 도전할 수 있는 여력이 생깁니다.

광고비를
늘려야 하는 시점

2 - 5

100만 원으로 효율이 나오면 해야 할 일

광고비 100만 원을 쓰는 게 답답하고 지겨워도 결과가 좋을 때까지는 참아야 합니다. 광고비를 많이 쓰는 건 언제든지 할 수 있습니다. 여러 번의 작은 시도 후 만약 어렵게 성공했다면 드디어 광고비를 올릴 단계입니다.

광고비를 언제 늘려야 할까요? 단순합니다. 처음에 설정한 목표를 달성했을 때입니다. **매출, 회원가입 수, 다운로드 횟수 등 단순 결괏값이 목표에 도달했을 때입니다.** 광고 보고서 기준도 아니고 리텐션이나 체류 시간, 전환율이 좋을 때도 아닙니다. 회사 내부 기준으로 정확하게 매출이 올랐을 때, 회원가입이 광고 전보다 확실하게 늘었을 때, 다운로드 횟수가 0에서 100이 됐을 때처럼 명확한 숫자가 나오면 마케팅의 성공이라고 봐야 합니다.

만약 이렇게 명확하게 늘어난 숫자가 확인되면 광고 예산은 두 배씩 늘려야 합니다. 100만 원에서 200만 원, 200만 원에서 400만 원, 1000만 원에서 2000만 원 이런 식으로 두 배씩 늘립니다. 두 배씩 증가하는 이유는 어설프게 20~50% 비율로 광고비를 늘리게 되면 나중에 효율 분석이 애매해지기 때문입니다.

예를 들어 100만 원으로 30명 회원가입 목표를 이룬 후 120만 원으로 예산을 20% 늘리면 회원가입 목표는 36명이 됩니다. 그런데 6명이라는 숫자는 모수가 너무 적어서 예산을 늘린 것과 관계없이 결과 수치가 높아질 수도 낮아질 수도 있습니다. 예산 증대와 상관없이 효율 확인이 어려워지는 이유입니다. 모수가 적다 보니 증액 대비 효율이 증가했는지 분석이 어려워집니다.

그러나 두 배를 늘렸을 때는 그나마 효율 차이가 명확하게 확인됩니다. 30명에서 60명으로 목표치가 변경되니 60명에 근접하거나 초과한다면 두 배 증액 성공, 만약 40명 정도로 효율이 나온다면 증액은 실패입니다.

특히나 처음에 안전하게 적은 비용으로 광고비를 시작했다면 두 배로 늘려도 큰 금액이 아닐 때가 많습니다. 보통은 광고비를 두 배 늘리면 효율은 떨어집니다. 단 이 상황은 금액이 큰 경우입니다. 월 광고비를 1000만 원에서 2000만 원으로 늘린다고 효율이 정비례로 두 배 증가하지 않습니다. 광고비 지출 단위가 달라지고, 그에 따라 모수도 월등히 많아지기 때문입니다. 적은 광고비 단계에서는 증액한다고 해서 효율이 떨어지지 않는 편이니, 이 시기에는 과감하게 광고비를 올리면서 빠르게 성장하는 것이 좋습니다.

이 광고비를 늘리는 시점을 놓쳐서 많은 회사가 성장할 타이밍을 놓치기도 합니다. 앞서 "100만 원 마케팅으로 효율이 안 나온다면 1000만 원을 써도 효율이 안 나온다!"라고 말했는데, 만약 테스트에서 성공했다면 이 가설이 반대가 됩니다. **"100만 원 마케팅으로 효율이 나온다면, 1000만 원을 써도 효율이 나온다!"**

광고비 100만 원으로 효율이 나온다면 본인들이 진행한 마케팅과 광고 소재, 세팅, 그리고 본인 회사의 상품, 서비스를 믿고 달려야 합니다. 이렇게 광고 예산을 마음 놓고 두 배씩 늘릴 수 있는 시점이 그렇게 자주 오지는 않습니다. 초반엔 무조건 광고비를 아끼고 줄이라고 말했지만, 늘릴 때는 확실하게 늘려야 합니다.

의외로 이 시점에서 광고비 늘리는 게 겁난다는 이유로, 실패의 책임을 지고 싶지 않아서, 효율이 자신이 없어서 등 여러 가지 요인으로 주저하는 모습을 많이 보입니다. 광고비를 두 배씩 늘리는 건 쉽지 않은 결정입니다. 광고비가 커질수록 무서워질 때가 있습니다. 100만 원이 천만 단위로 넘어가고, 억 단위로 갈 때는 과감하게 결정을 해야 합니다.

실패 사례 위주로 소개하려 했지만, 예산 증가가 주제인 만큼 광고비를 두 배씩 빠르게 늘린 드문 경우를 소개하겠습니다. 꼭 이런 시점을 놓치지 말아야 합니다.

월 100만 원으로 시작해서 월 6000만 원까지 확장한 카카오 광고 사례

2018년 12월, 처음 카카오 광고를 테스트하면서 월 130만 원을 사용했습니다. 목표가 달성된 걸 확인 후 바로 두 배를 넘어 약 네 배로, 2019년 1월에 바로 500만 원대로 급격히 늘렸습니다.

이 당시 목표는 광고 방문자 회원가입 전환율 1%였습니다. 그런데 약 2%로 매우 좋은 결과가 나왔습니다. 중간에 주별로 일 예산을 두 배씩 증액 테스트해도 결과가 두 배씩 올라오니 더 이상 멈출 이유가 없었습니다. 2월에 1600만 원으로 이미 1월 대비 세 배 이상 증가, 3월에 3600만 원, 4월에 5900만 원을 사용했습니다.

보통은 광고비를 두 배로 늘린다고 해서 결과도 두 배로 늘어나는 경우는 매우 드뭅니다. 현실적으로 50% 정도 증가해도 큰 성공이라고 봐야 합니다. 그런데 예산을 두 배로 늘렸을 때 효율도 두 배가 될 때가 가끔 있습니다. 그러면 이 효율이 떨어지기 전까지는 과감하게 광고비를 늘려야 합니다. 이를 두고 저는 **광고 한계점 테스트**라고 합니다.

광고 한계점 테스트

- 해당 광고가 얼마의 비용까지 효율이 유지되는가?
- 얼마의 광고비에서 최적의 효율이 나오는가?

처음에 월 100만 원으로 테스트한 광고가 불과 5개월 만에 월 6000만 원짜리 광고 채널로 성장하게 됩니다. 결과가 안 좋은 광고에 이렇게 비용을 쓰는 회사가 있을까요? 그럴 거면 처음부터 광고비를 많이 써서 시작해야 하는데 **100만 원으로 출발해서 안전하게 결과를 보면서 두 배 이상씩** 늘린 게 핵심입니다.

내부적으로 설정한 매출, 회원가입 등의 마케팅 목표가 광고비 증가 대비 충분히 효율적이라고 판단되어 광고비를 두 배씩 올리기로 결정했습니다. 명확한 숫자가 나왔음에도 광고비를 늘리지 않으면 좋은 기회를 놓치는 것입니다. 정확하고 빠른 판단 또한 마케터의 자질이기에 돌아가는 현황을 항상 주시해야 합니다.

300만 원의 광고비로
가능한 광고 조합

2 - 6

가장 애매한 금액으로 광고하기

300만 원은 참 애매한 비용입니다. 마케팅을 하기에 너무 적지도 않지만 그렇다고 크다고도 볼 수 없는 애매한 숫자. 물론 규모가 작은 회사나 소상공인, 개인한테는 매우 큰 금액이지만 전체 온라인 광고 시장에서는 광고 세팅만 제대로 하면 1시간 안에도 쉽게 쓸 수 있는 정도입니다.

그러나 이 비용으로 광고를 시작해서 효율이 나와야 그다음 단계인 1000만 원으로 무언가를 할 수 있기 때문에 초반에는 매우 중요한 비용입니다. 효율을 확인하면서 100~300만 원 → 1000만 원 → 2000만 원 → 5000만 원 → 1억 이런 순서로 증액해야 가장 안전합니다. 그래서 300만 원은 가장 어려운 시작 단계라고 볼 수 있습니다. 솔직히 1억을 쓰는 것보다 더 어려운 단계입니다. 이 단계에서 실패하면 광고를 계속하기 어려우니 더 조심스럽고 신중할 수밖에 없습니다.

300만 원으로 광고를 시작할 때 가장 큰 고민은 **"여러 광고를 동시 진행할까? 하나의 광고만 진행할까?"**입니다. 하나만 운영해도 되기는 하지만 이왕이면 위험을 분산시켜야 좋기 때문에 여러 광고를 운영하는 것을 더 추천합니다. 가장 기본적인 검색 광고를 기본으로 하고, 그 외 디스플레이 광고를 추가로 진행, 아니면 SNS 광고 혹은 리타기팅 광고 혼합 등 변수가 너무 많습니다. 광고를 진행하는 업종, 상품에 따라 너무 다양한 조합이 생기게 됩니다. 그러나 다행히 어느 정도 효율이 검증된 조합이 있습니다. 가장 안전하고 검증된 조합에 대해 살펴보겠습니다.

① 검색 광고 + 디스플레이 광고

검색 광고(SA)와 디스플레이 광고(DA)의 조합은 온라인 광고에서 가장 무난하고 안전합니다. 우리나라 온라인 광고에서 가장 오랜 기간 검증된 조합이라고 보면 됩니다. 뻔하기도 하지만 그렇다고 이 조합을 이기는 다른 조합을 찾기도 어렵습니다. 그저 어떤 광고 채널을 선택할지만 결정하면 됩니다. 광고 예산 분배도 그냥 절반씩 해도 무난합니다. 물론 광고 진행 후 예산 비중은 효율을 보면서 수정하면 됩니다.

광고 채널

검색 광고(네이버, 구글 등) + 디스플레이 광고(네이버, 카카오, 구글, 메타 등)

예산 비중

검색 광고 50%(150만 원) + 디스플레이 광고 50%(150만 원)

② 검색 광고 + 리타기팅 광고

이 조합은 검색 광고를 위주로 하되 CPC가 높은 검색 광고의 단점을 상쇄하기 위해 리타기팅 광고를 통해 어떻게든 검색 광고 방문자를 놓치지 않는 조합입니다. 이 조합은 리타기팅 광고가 나오면서 상당히 안전한 효율을 내주는 조합으로 인기가 높습니다. 그러나 리타기팅 광고 역시 CPC가 높기 때문에 전체적으로 방문자를 늘리기 쉽지 않다는 단점이 있습니다.

광고 채널

검색 광고(네이버, 구글 등) + 리타기팅 광고(크리테오, 구글 등)

예산 비중

검색 광고 80%(240만 원) + 리타기팅 광고 20%(60만 원)

③ 디스플레이 광고 + 기타 광고(인플루언서, 바이럴, 신규 온라인 광고 등)

위험 부담은 있지만 한 번 도전해서 큰 효율을 내보겠다는 조합입니다. 새로운 온라인 광고는 계속 나오고 있고 기존 광고 대비 저렴하기 때문에 적은 비용으로 큰 효율을 내보고 싶을 때 모험을 하기 좋습니다. 그렇다고 너무 위험 부담을 안은 채로 신규 온라인 광고만 진행할 수 없으니 예산 분배를 7:3 정도로 하고 최대한 위험 부담을 줄이는 편이 좋습니다.

광고 채널

디스플레이 광고(카카오, 구글, 메타 등) + 신규 온라인 광고

예산 비중

디스플레이 광고 70%(210만 원) + 신규 온라인 광고 30%(90만 원)

④ 검색 광고 + 디스플레이 광고 + 기타 광고

어느 광고가 효율이 좋은지 모를 때 그냥 무난하게 예산을 세 개로 나눠 골고루 진행하는 조합입니다. 각 100만 원씩 사용하면서 한 달 정도 진행해보고 효율이 나오는 광고 채널을 찾고 싶을 때 하는 조합입니다. 그러나 광고비가

적은 상황에서 이렇게 분산시키는 방식은 조금 집중력이 부족하다는 단점이 있습니다.

광고 채널

검색 광고(네이버, 다음, 구글) + 디스플레이 광고(구글, 카카오 등등) + 기타 광고

예산 비중

검색 광고 33%(100만 원) + 디스플레이 광고 33%(100만 원) + 기타 광고 33%(100만 원)

한정적인 예산인 300만 원으로 할 수 있는 광고 조합을 소개해봤습니다. 이외에도 더 다양한 조합이 있을 수도 있지만 광고비가 적은 상태에서 너무 여러 개로 분산시키는 건 비효율적이라 추천할 수 없습니다. 또 동영상 광고(VA)를 아예 제외시킨 이유는 광고비도 적은데 영상 제작 비용까지 추가된다면 실패 시 위험 부담이 크기 때문입니다.

쓸 수 있는 광고비가 많아질수록 광고 운영은 편해집니다. 1억 단위가 넘어가면 여러 채널을 동시 운영할 수 있고 효율이 조금 떨어지더라도 광고비를 무조건 써야 하므로 효율보다는 노출이나 브랜딩 쪽에 초점을 맞추게 됩니다. 도리어 처음 300만 원보다는 1억을 쓰는 편이 결과에 대한 부담은 더 적은 역설적인 상황이 생기게 됩니다. 그러나 300만 원으로 시작하는 단계는 매우 신중해집니다. '절대로 실패하면 안 된다는 부담감'이 있기 때문이죠. 여기서 실패하면 다음 단계로 갈 수 없기 때문에 무조건 성과가 나와야 합니다. 결과가 안 좋으면 온라인 마케팅 자체를 포기하는 경우도 생기고, 누군가는 책임을 져야 합니다.

300만 원으로 온라인 마케팅을 시작할 때는 신중해야 하고, 그리고 작더라도 좋은 결과를 내야 합니다.

1000만 원 광고비에서
다음 단계로

가장 고착되기 쉬운 시기

현재 우리나라 온라인 광고 시장에서는 월 1000~4000만 원 정도의 광고비를 쓰는 광고주들이 엄청난 비율을 차지하고 있습니다. 광고주 숫자로 따지면 더 적은 비용을 쓰는 소액 광고주들이 더 많지만 금액으로만 보면 이 광고비를 쓰는 회사, 마케터, 개인이 가장 많이 포진되어 있고 경쟁도 가장 치열합니다. 유독 이 단계가 힘든 이유는 더 높은 단계로 가는 게 매우 어렵기 때문입니다.

다음 단계인 5000만 원 이상의 광고비를 쓰기 위해선 일정 조건이 필요합니다. 물론 1000만 원을 쓰기 위해서도 어느 정도 광고 효율이 나와야 하지만 5000만 원을 넘기 위해서는 현재 나오는 광고 효율 이상의 그 무언가가 있어야 합니다. 그래서 온라인 광고를 몇 년 동안 진행해도 계속 이 단계에 머물러 있는 광고주나 마케터가 매우 많습니다. 1000만 원에서 효율이 안 나오는 것도 아니지만 그렇다고 5000만 원 이상 쓰기에는 비용 대비 효율이 애매해서 그렇습니다. 이 단계의 가장 큰 문제는 이미 효율이 검증된 방법만 계속 유지하는 것입니다. 뭐든 처음 시작할 때는 성공하던 방법을 그대로 유지하는 경우가 많습니다. 굳이 새로운 무언가에 도전하기보다는 안전한 길을 유지하려고 합니다. 예를 들어 계속 같은 광고 한 개만 운영하는 것입니다. 한 개의 광고가 성공해서 그 광고의 효과만 믿고 계속 비용을 늘린 것입니다. 그러나 온라인 광고는 꾸준히 안정적인 효율이 나오기가 매우 힘들기 때문에, 가능한 여러 광고를 동시 진행하면서 최적의 예산 비중을 찾고 더 나은 효율의 조합을 찾아야 합니다.

그리고 이 단계에서는 상품이나 가격 경쟁력이 부족해도 광고의 힘만으로도 단기적인 성장이 가능합니다. 마케터가 가장 큰 활약을 할 수 있는, 능력을 발휘하기 좋은 시기입니다. 어떤 광고가 가장 효율이 좋은지, 어떤 광고가 나에게 적합한지, 어느 정도의 광고비를 사용해야 하는지 등 광고만으로 많은 것을 파악할 수 있어 광고에 최대한 집중해야 하는 단계입니다.

많은 광고주, 회사, 마케터가 몇 년간 비슷한 광고비를 쓰면서 '왜 다음 단계로 가지 못할까?'라는 고민을 많이 합니다. 이럴 때는 먼저 **'관성에 젖어 계속 같은 광고를 하고 있는 건 아닐까? 기존하고 다른 무언가를 진행해본 적이 있는가?'**라고 스스로 질문하고 개선해야 다음 단계로 넘어갈 수 있습니다.

5000만 원 광고비,
다시 기본으로 돌아가기

기본을 개선해야 효율이 생긴다

5000만 원! 이제는 정말 거액의 광고비를 쓰는 단계입니다. 1단계(100~300만 원)로 온라인 광고를 처음 접해보고 초반 효율이 나온다면, 2단계(1000~4000만 원)로 넘어가서 여러 가지 광고 채널을 활용합니다. 여기서 또 광고비 이상의 효율이 발생한다면 드디어 3단계(5000만 원 이상)로 오게 됩니다.

그러나 대부분의 광고주나 마케터가 운 좋게 몇 번은 광고비를 크게 늘려 이 단계로 왔다가 다시 이전 단계로 돌아가게 됩니다. 매달 5000만 원 이상의 광고비를 1년 이상 유지하기 위해서는 안정적이면서도 매우 큰 광고 효율이 나와야 합니다. 한두 달 정도면 몰라도 광고 수익률(ROAS)이 안 나오는 상황에서 매월 몇천만 원의 손해를 버틸 순 없습니다. 그래서 다시 광고비를 줄이고 2단계에 머무르게 됩니다. 5000만 원의 광고비를 유지하려면 단순히 광고의 효율만으로는 어렵습니다. 이제는 다시금 기본으로 돌아가서 가장 근본적인 조건들을 재점검해야 합니다.

문제점을 끊임없이 개선하자

/

5000만 원의 광고비 유지를 위해 이제 광고를 관리하는 건 2순위입니다. 기본적인 조건들을 분석하면서 수정할 수 있는 부분을 찾고 개선하는 것이 우선입니다. 그럼 구체적으로 어떤 조건들을 개선해야 하는지 알아보겠습니다.

1순위: 상품

온라인 광고 효율의 1순위 조건은 **상품의 경쟁력**입니다. 제품이든 서비스든 품질이 좋다면 그 어떤 온라인 광고를 하더라도 효율이 잘 나옵니다. 그 어떤 초보 마케터가 광고하더라도 상품이 뛰어나고 경쟁력이 있다면 효율이 나오고, 어떤 천재적인 마케터도 경쟁력 없는 상품을 마케팅으로만 성공시킬 수는 없습니다.

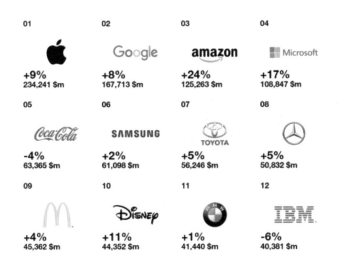

2019년 세계 브랜드 가치 순위

간단한 예로 코카콜라, 나이키 운동화나 애플의 아이폰 같은 막강한 상품을 광고한다면, 광고 채널이나 마케터의 실력에 따라서 광고 효율이 큰 폭으로 차이가 날까요? 아마 어떤 광고를 해도 최고의 효율이 나올 겁니다. **단 이 정도의 상품 경쟁력은 언제나 그 업계의 1~2등까지만 갖추고 있습니다. 대부분은 평범하거나 그 미만의 상품으로 마케팅해야 합니다.** 본인이 마케팅하는 상품의 수준을 파악하는 건 현실적으로 매우 중요합니다.

언제나 개선과 수정을 해야 하지만 상품을 수정하기는 정말 어렵습니다. 가장 중요하면서도 가장 손대기 힘든 부분이죠. 그래서 상품 자체를 변경할 수는 없어도 포장지, 상품명, 서비스 개선, 게임 업데이트 등 **표면적인 수정을 통해서라도 무언가 변화를 모색해야 합니다.**

2순위: 가격

온라인 마케팅 효율의 2순위 조건은 **저렴한 가격**입니다. 1순위 조건인 상품 경쟁력이 타 업체와 비교해서 압도적인 경우는 사실 매우 드물고, 대부분 비슷합니다. 이런 상황에서 만약 가격이 월등히 저렴하다면 막강한 경쟁력을 가지게 됩니다.

국내 최저가! 단독 최저가! 저렴한 가격은 언제나 막강한 경쟁력

그러나 가격 또한 수정하기 쉽지 않습니다. 가격 경쟁력이 있는 경우는 대부분 큰 회사들입니다. 대표적으로 의류 쇼핑몰 중 동대문 도매 상품 같은 것들을 가장 저렴하게 파는 곳은 매출이 높은 곳들입니다. 규모에서 오는 막강한 구매력을 바탕으로 저렴한 가격을 유지할 수 있기 때문이죠. 하지만 꼭 최저가가 아니더라도 최소한 경쟁력 있는 가격을 유지할 수만 있다면 마케팅에서도 큰 경쟁력을 가지게 됩니다. 경쟁 업체와 비교해 높은 가격대를 고수하며 마케팅에서 효율이 나오기는 쉽지 않다는 걸 꼭 기억해야 합니다. 단 100원이라도 경쟁 업체보다 가격을 낮게 책정하는 것만으로 엄청난 경쟁력을 갖추게 됩니다.

3순위: 홈페이지

상품, 가격에 비해 홈페이지는 비교적 수정이 쉽습니다. 그래서 일반적으로 마케팅의 효율 증가를 위해 가장 많이 수정하는 곳이 홈페이지입니다. 하지만 규모가 작은 회사일수록 홈페이지의 중요성을 간과하는 경우가 많습니다.

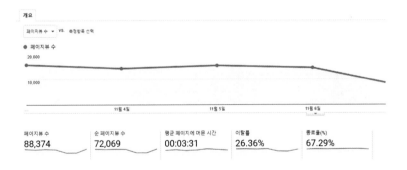

홈페이지 체류 시간을 늘리고 이탈률을 줄이기 위해서 홈페이지를 개선해야 한다.

홈페이지라고 표현했지만 그 안에 상세페이지, 사진, 상품 설명, 후기 등이 전부 포함되어 있습니다. 이런 수정은 조금만 신경 쓴다면 언제든지 가능합니다. 어느 정도 비용과 시간, 인력이 필요하지만 상품이나 가격을 수정하는 것에 비하면 아주 작은 노력만으로도 큰 변화를 이끌어낼 수 있습니다.

– 브랜드를 명확하고 매력적으로 설명해주는 홈페이지

– 상품을 가장 돋보이게 해주는 사진

– 상품을 가장 쉽게 설명하는 상세페이지

– 상품의 신뢰도를 높여주는 실제 후기

이처럼 세밀한 부분을 고치면서 큰 효율을 이끌어낼 수 있습니다.

흔히 마케팅에서 '리텐션을 높여라! 체류 시간을 늘려야 한다!' 등의 이야기를 많이 하는데 이를 위해서는 홈페이지, 사진, 상세페이지 등의 수정이 가장 빠른 방법입니다.

4순위: 이벤트

앞서 말한 상품, 가격, 홈페이지 이 세 가지를 현실적으로 수정하기 어렵다면 마지막에는 이벤트를 수정해서 마케팅 효율을 올려야 합니다.

마케터들이 가장 신경 쓰는 부분입니다. 다양하고 새로운 이벤트를 통해서 마케팅 효율을 높일 수 있습니다.

– 50% 세일 이벤트

– 1+1 이벤트

– 한 달 써보고 마음에 안 들면 100% 환불 이벤트

– 사진 후기 남기면 커피 1잔 쿠폰

– 신규 회원 가입 시 1만 원 쿠폰 이벤트

가장 흔하게 진행하는 이벤트 예시들입니다. 뻔하긴 하지만 이런 이벤트라도 진행하는 것과 안 하는 것의 차이는 매우 큽니다. 또한 남들이 다하는 이벤트보다는 당연히 새로운 이벤트 효과가 더 크기 때문에, 언제나 새로운 아이디어를 구상하고 시도하는 것도 중요합니다.

다시 기본으로 돌아가야 하는 이유

이번 글에서 마케팅에 관한 내용보다 부차적인 내용이 주가 된 이유가 있습니다. 월 5000만 원 이상의 마케팅을 하고 있다면 이미 마케팅 수준은 꽤 높은 궤도에 올랐다고 봐야 합니다. 그래서 다음 단계인 1억 이상의 마케팅을 위해선 마케팅보다 근본적인 부분을 개선하고 수정해야 합니다.

물론 이 내용들은 전 단계(1~2단계)에서도 필요합니다. 하지만 이제 온라인 마케팅을 시작하는 분들에게는 부수적인 부분의 지속적인 개선에 관한 이야기가 시작도 전에 겁부터 주고 포기하라는 뜻으로 들릴 수도 있습니다. 광고비가 적을 때는 일단 상품을 믿고 광고만으로 일정 궤도에 오르는 것이 더 빠를 수 있습니다. 드물지만 처음부터 이번 절의 내용을 인지하고 끊임없이 모든 부분을 개선하며 동시에 광고를 진행하는 분들은 당연히 그 누구보다 빠르게 성장합니다. 그렇지만 대부분 기본을 탄탄히 하기 보다는 오직 광고의 힘만으로 급하게 성장하려고 합니다.

비용이 커질수록 광고만으로는 더 이상 올라가기 힘든 지점을 맞이하게 됩니다. **슬프게도 온라인 마케팅에서 가장 중요한 건 상품과 가격입니다.**

마케팅으로 큰 성공을 거둔 사례는 너무나 많습니다. 그러나 이런 성공 뒤에 수많은 기본 조건의 개선과 수정이 있었다는 사실보다 그저 마케팅의 성공만 부각되고는 합니다. 하지만 **기본을 개선해야 마케팅 효율에도 큰 차이가 생깁니다.** 광고만 보는 마케터와 전체를 보는 마케터는 여기서 실력 차이가 크게 벌어지게 됩니다. 절대로 잊지 말아야 합니다. **마케터가 바꿀 수 없는 걸 빼고 모든 걸 바꿔야 마케팅의 한계를 넘을 수 있습니다.**

1억의 광고비,
이제는 10원을
아끼는 단계

마케팅에 당연한 비용은 없다

1억 이상의 광고비에 대한 글을 쓰는 것에 대해 고민이 많았습니다. 냉정하게 말해 아주 적은 광고비로 시작해서 이 단계까지 오는 분들은 1% 미만입니다. 그래서 '이 비용에 대한 글을 쓰는 게 의미가 있을까? 시작부터 안 될 거라고 겁을 주는 게 아닐까? 100명이 온라인 마케팅을 시작하면 몇 년만 지나도 겨우 10명 정도만 살아남는다는 냉혹한 현실을 알려주는 게 의미가 있을까?' 같은 걱정이 든 것이죠.

이 책을 통해 성공 사례보다는 실패 사례 위주로 이야기하려는 건, 성공보다 실패가 더 많은 건 당연하고 성공은커녕 그저 살아남기도 힘든 게 현실이기 때문입니다.

저 역시 작은 단계부터 시작해서 수많은 실패를 했고, 경력이 쌓이면서 운 좋게 몇 번 규모가 큰 회사에서 마케팅 팀장으로서 거액을 써보는 경험을 해봤습니다. 하지만 결국 광고비가 많은 회사들은 이미 매출이 안정적이고 오래된 회사이거나, 막강한 경쟁력이 있는 상품이 있거나, 자금이 충분해서 매달 억대의 광고비를 써도 크게 부담이 되지 않는 경우가 대부분입니다.

1억 이상의 광고비를 쓰는 회사

앞선 글에서 1단계(300만 원)에서 처음 온라인 마케팅을 시작해보고, 그다음 2단계(1000만 원 이상) 그리고 3단계(5000만 원 이상)까지 올라가는 과정으로 설명했지만 솔직히 빠진 부분이 있습니다. 중요하지만 이야기하기가 어려운 부분이었습니다. **각 단계에서 대부분 마케팅 효율이 안 나오고, 대부분이 광고비 손실을 입고, 포기하고, 심지어 매출이 안 나와서 폐업을 하기도 한다는 점**입니다.

오랜 기간 일하면서 많은 회사를 직간접적으로 경험해봤지만, 월 100만 원으로 시작해서 월 1억 원 이상의 광고비를 쓰기까지 1년 미만이 걸리는 곳은 거의 보지 못했습니다. 대부분은 1단계(100~300만 원)에서 사라지고, 2단계(1000만 원 이상)조차 소수만 경험해볼 수 있습니다. 월 5000만 원, 그리고 1억 이상을 쓰는 단계까지 가는 곳은 정말 극소수입니다. 극소수의 회사, 마케터들만 100만 원으로 회사를 성장시켜 월 몇억 이상의 광고비를 쓰는 대형 광고주로 성장합니다.

드물게 온라인 마케팅을 시작한 지 1년도 채 되기 전에 월 1억 이상의 광고비를 쓰는 곳들의 공통점은 신생 회사임에도 불구하고 경쟁력이 압도적인 상품을 가지고 있어서 광고 시작과 동시에 엄청난 효율이 나오거나, 매우 경쟁력 있는 가격대를 유지하는 경우였습니다. 결국 마케팅을 성공시키기 위해서는 상품과 가격 이 두 가지가 좋아야 한다고 강조한 바 있습니다. 그런데 간혹 이 두 가지가 평범함에도 불구하고 엄청난 성공을 하는 곳도 있습니다. '하늘이 선택한 회사'라는 말이 걸맞을 정도로 경쟁 회사와 비교해서 큰 차이가 없는데도 잘되는 회사가 매우 드물게 있습니다. 즉, 상품과 가격이 좋으면서 마케팅 실력이 있는 회사 그리고 운이 좋은 회사만이 끝까지 갈 수 있습니다.

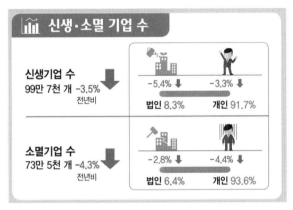

신생 기업 중 상당수는 1년을 버티지 못한다. - 2022년 기업생멸행정통계 ⓒ통계청

월 1억 이상의 광고비를 쓸 때 주의할 점

① 낭비되는 광고비를 줄여야 한다

월 1억 이상의 비용을 쓴다는 건 이미 매출액이 안정권에 들어섰다는 의미입니다. 상품도 경쟁력이 있고, 마케팅 실력도 이미 최고 수준이라고 봐야 합니다. 이 단계에서는 낭비되는 광고비를 줄이는 게 매우 중요합니다. 광고비가 커질수록 낭비되는 비용도 점점 커지게 됩니다.

광고비가 적을 때는 CPC 10원을 올리는 데도 조심하지만, 광고비가 커진 상태에서는 이런 사소한 부분은 무시하고 그저 쉬운 노출만을 위해 순위를 올리게 됩니다.

여러 광고 채널을 운영하게 되면서 어떤 광고가 더 효율이 좋은지 분석하기보다는 그저 광고비를 쓰기 위한 채널을 찾게 됩니다. 정해진 예산을 아끼기보다는 다음 예산 확보를 위해서 일단 진행하는 데만 혈안이 됩니다. **매월 말에 유독 CPC 광고의 경쟁이 치열하고 가격이 올라가는 이유는 이런 식으로 예산을 관성적으로 소진하려는 마케터가 많기 때문입니다.**

즉, 그저 외부에 보여주기식 광고를 운영합니다. 유명 연예인도 써보고 싶고, 큰 회사처럼 TV 광고도 해보고 싶고, 외부에서 추천하는 신규 광고를 테스트하는 데도 겁이 없어지게 됩니다. 이런 식으로 쉽게 광고비가 낭비됩니다. 이런 것들만 한 번 더 생각해보면 월 몇천만 원까지도 절약할 수 있습니다.

물론 꼭 광고 예산이 큰 단계뿐만 아니라, 단 100만 원을 쓰더라도 절약하는 습관은 필요합니다. 광고비 규모를 떠나 언제든 아끼는 습관을 유지해야 합니다. 'CPC 10원'의 소중함을 아는 마케터와 회사만이 끝까지 살아남아 더 높은 곳에 도달할 수 있습니다.

② 광고비는 사이버 머니가 아니다

"CPC 10원 정도는 별거 아니야!"라고 생각하는 회사와 마케터는 실력이 비슷하더라도, 광고비를 절약하는 회사와 마케터를 이기기 어렵습니다.

제가 겪은 실제 사례를 통해 설명하겠습니다.

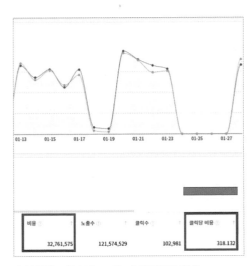

카카오톡 광고 1월 CPC 318원 – 총 광고비 3276만 원

카카오톡 광고 2월 CPC 282원 – 총 광고비 3550만 원

실제 진행했던 카카오톡 광고입니다. 결과 이미지에서 CPC(클릭당 비용)를 보면 1월에 318원에서 2월에 282원으로 36원, 약 11%를 줄였습니다. 겨우

36원이라고 생각할 수 있습니다. 그러나 이 광고에 한 달 3000만 원을 넘게 쓰기 때문에 11%면 약 300만 원 이상을 절약한 것입니다.

예를 들어 동일한 광고비 3000만 원을 쓸 때 기존 318원에서는 클릭 수가 10만 2000명 정도인데, 282원으로는 12만 5000명으로 무려 2만 3000명가량 차이가 납니다. 이는 엄청난 숫자입니다. 겨우 CPC 36원을 줄인 건데 이만큼 차이가 벌어집니다. 저 CPC를 낮추기 위해 많은 시간을 들여 수동으로 순위 관리를 했습니다. 자동으로 머신러닝에 맡겨서 운 좋게 낮아지는 CPC가 아니라, 단 10원이라도 낮추기 위해서 수많은 소재 테스트와 순위 관리를 해서 얻은 결과입니다.

광고비 10원의 소중함을 모른다면 광고비 지출이 커졌을 때 비용 낭비를 막기 어렵습니다. 1억 이상의 광고비를 쓴다면 흔히 얘기하는 대형 광고주입니다. 광고 예산이 많아지면 점점 관리가 편해집니다. 여러 광고 대행사들이 앞다투어 광고를 관리해준다고 영업하고, 미디어 랩 회사[04]를 통해서 신규 광고 테스트를 저렴하게 해볼 수도 있고, 광고 매체 본사에서도 직접 특별 관리를 해주는 경우도 있습니다.

다시 말하지만 이 단계까지 오는 건 정말 극소수입니다. 그리고 운 좋게 이 단계를 왔다고 해서 무조건 성공이 보장된 건 아닙니다. 조금씩 낭비되는 광고비가 회사 전체의 이익을 줄이고, 궁극적으로 회사 존폐에도 영향을 끼치게 됩니다.

광고비는 함부로 쓸 수 있는 사이버 머니가 아닌 실제 돈이라는 사실을 잊지

---

04 media와 representative의 합성어로 매체의 광고를 위탁하여 대행사, 광고주에게 판매하는 회사. 나스미디어, 메조미디어, 카페24 등이 있다.

말아야 합니다. 1억을 쓰더라도 100만 원을 처음 쓸 때 단 10원이라도 아끼
던 마음을 잊지 말길 바랍니다.

100만 원으로 팔지 못하면
1억으로도 팔 수 없다.

3장

온라인 광고의 변화

변화하는 광고 시장에서 살아남기

자동화의 시대에도
마케터의 역할은 절대로 사라지지 않을 것이다.

performance

CPT에서 CPC 광고로, 온라인 마케팅의 성과는 점점 더 중요해질 것이다.

/

non-targeting

쿠키 변화로 도래한 논타기팅의 시대에서 마케터의 역할은 무엇일까.

platform

플랫폼의 본질은 서비스이며, 서비스 다음이 광고다.

/

machine learning

자동화 광고의 시작과 끝에는 마케터가 꼭 필요하다.

아직 끝나지 않은 퍼포먼스 마케팅의 시대

— 3 - 1 —

The Age of Performance Marketing

"퍼포먼스 마케팅의 시대는 끝났다!"라는 이야기가 점점 많이 들리고 있습니다. 최근 개인정보 보호 강화, 광고비 증가 및 효율 감소, 머신러닝 광고의 강화 등 외부 환경이 크게 변화하면서 콘텐츠, 브랜딩, CRM 마케팅의 시대로 바뀌고 있어 이제 더 이상 퍼포먼스 마케팅은 정답이 아니라고 합니다. 그러나 꽤 오랜 기간 온라인 광고 시장에서 퍼포먼스 마케팅은 커다란 상징성을 가지고 있었습니다.

오프라인 광고를 대표하는 4대 매체인 TV, 신문, 라디오, 잡지의 '브랜드 마케팅'과 다르게, 온라인 마케팅에서는 '퍼포먼스 마케팅'이 중심이 되었습니다. 기존에는 광고를 하기 위해서 기획, 스토리보드, 카피, 모델 섭외, 디자인, 전문 촬영 등 각 영역에 많은 전문 인원은 물론, 제작부터 노출까지 막대한 비용이 필요하다 보니 작은 기업이나 중소상공인, 개인들은 4대 매체에 광고를 하기 쉽지 않았습니다. 그러나 온라인 광고는 광고 준비부터 노출까지 단 한 명의 온라인 마케터로도 쉽게 진행이 가능합니다. 게다가 기존 광고들에 비해 아주 적은 비용으로도 가능하다는 점, 그리고 결정적으로 다른 광고 대비 좋은 성과가 나오기 시작하면서 점점 광고 시장은 오프라인에서 온라인으로 이동하기 시작했습니다.

퍼포먼스 마케팅의 시작

1994년 AT&T가 HotWired라는 온라인 매거진에 게재한 세계 최초의 인터넷 배너 광고 이후, 오버추어overture[01]와 야후Yahoo가 검색 광고의 시작과 가능성을 보여줬습니다. 이후 구글이 검색 광고와 디스플레이 광고로 온라인 광고로도 엄청난 성과를 낼 수 있다는 걸 전 세계적으로 증명했습니다. 리타기팅retargeting 광고의 시작인 크리테오Criteo[02], 스마트폰으로 인한 노출의 확장, SNS 광고의 전성기를 만들어 낸 페이스북, 인스타그램, 유튜브 등 온라인 광고 시장은 짧은 기간 동안 엄청난 성장을 했습니다. 한국에서는 네이버, 카카오가 대단한 글로벌 기업들과 오랜 기간 치열한 경쟁을 하며 아직까지도 온라인 광고 시장을 지키고 있습니다.

세계 최초의 인터넷 배너 광고 – AT&T

2019년 전 세계 광고 시장에서 온라인 광고의 비중이 처음으로 50%가 넘었

---

01 미국의 검색 광고 업체. 검색 엔진의 최대 수익원인 검색 광고를 본격적으로 도입한 회사. 야후에 인수되었다가 마이크로소프트로 넘어가 현재는 Microsoft Ads라는 이름으로 운영 중이다.

02 디스플레이 배너 광고 플랫폼. 사용자가 크리테오 광고를 하는 사이트에 접속 후 웹 서핑을 했을 때 해당 사이트의 배너가 따라다니는 리타기팅에 강점을 둔 배너 광고.

다는 발표가 있었습니다. 이제는 다른 광고와의 경쟁에서 온라인 광고는 확실하게 승기를 잡은 것 같습니다. 이미 전 세계 어느 나라보다 디지털로 전환이 빠른 한국은 온라인 광고 점유율을 빠르게 늘려가고 있고, 특히나 스마트폰으로 인한 모바일 광고 시장은 놀라운 성장세를 보이고 있습니다.

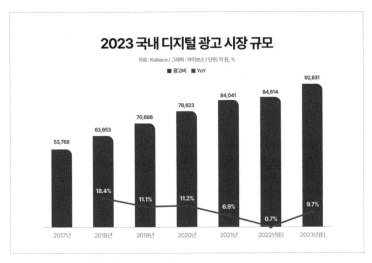

디지털 광고 시장 규모 추이 ⓒ아이보스

온라인 광고가 빠르게 성장한 원인은 여러 가지가 있겠지만 가장 큰 원인은 성과performance가 기존 광고 대비 좋기 때문입니다. 노출, 분석, 타기팅 등 여러 가지 장점이 있지만 결국 광고는 종류와 상관없이 비용 대비 성과가 좋은 광고에 광고주들이 몰리게 됩니다. 반대로 성과가 부족한 광고는 점점 사라지게 됩니다. 온라인 광고는 성과가 좋았기 때문에 그 어떤 광고보다 빠르게 성장할 수 있었습니다.

CPT 광고의 시대에서 CPC 광고의 시대로 변화하는 순간 온라인 광고는 노출 영역의 급격한 증가, 광고비 조정의 편리함, 정확한 효율 분석과 빠른 광고 수정을 통해 엄청난 성과를 내면서 기존 광고들을 빠르게 역전하기 시작했습니다. 그러나 빠른 성과를 위해 상대적으로 콘텐츠나 브랜딩을 장기적으로 구축하기보다는 단기적인 광고 매체 운영에 집중하는 경우가 많았습니다. 광고 소재나 콘텐츠 기획이 많이 부족하지만 그럼에도 데이터 분석과 노출만으로 엄청난 성과가 나오는, 단어 그대로 '퍼포먼스'의 시대였습니다. 이렇게 언젠가부터 퍼포먼스 마케팅이라는 단어가 널리 퍼지게 되었습니다.

그런데 '퍼포먼스 마케팅'이라는 단어의 정의는 너무 다양합니다. 처음엔 온라인 광고가 활성화되면서 기존 오프라인 광고를 대표하는 브랜드 마케팅과 구분하는 용어로 시작했습니다. 하지만 어느새 의미가 매우 불분명해지고 다양한 의미가 섞인 단어로 변질되어 버렸습니다.

퍼포먼스 마케팅의 정의

- 데이터를 수집하고 분석해 디지털 영역에서 고객의 행동을 트래킹하고, 고객을 끌어오는 여정을 설계해 맞춤 타기팅 광고를 운영하는 마케팅
- 디지털 광고 후 즉각적인 매출, 회원가입 등 확실한 성과를 낼 수 있는 마케팅
- 퍼포먼스 마케팅을 데이터 드리븐 마케팅data-driven marketing이라고 칭하기도 하고, 그로스 해킹growth hacking과 동일한 의미로 쓰일 때도 있다.

다양한 의미를 가진 단어이지만 그래도 공통점이 있습니다. 퍼포먼스라는 용어 그대로 '실제 성과'가 중요하고, '데이터 분석'을 한다는 부분은 거의 비슷합니다. 분석이 가능하다는 점은 기존 오프라인 광고와 온라인 광고를 구분하는 매우 큰 차이입니다. TV, 라디오, 인쇄 광고는 실시간으로 몇 명이 광고를 보고 있는지 확인이 어렵습니다. 매스 미디어mass media의 시대에는

불특정 다수에게 광고를 노출시키고 성과를 기대했지만 온라인 광고는 해당 광고를 보고 클릭한 이들에 대해 정확한 분석이 가능해졌습니다. 즉, 특정 고객들에게만 노출이 가능해지면서 기존 광고에 비해 엄청난 성과를 내기 시작했습니다. 그러면서 데이터를 분석해서 빠른 성과를 내는 퍼포먼스 마케터는 온라인 마케터 중에서도 중요한 위치를 차지하게 되었습니다.

그러나 최근 점점 퍼포먼스 마케팅의 시대가 저물어간다는 목소리가 커지고 있습니다. 이제 온라인 광고가 모든 회사에서 필수가 되면서 한정된 노출 영역에 따른 경쟁이 치열해지고, 점점 온라인 광고비는 비싸지고, 개인정보 보호 강화로 인하여 상세한 타기팅이 어려워지고, 마케터를 대체하려는 머신러닝은 AI의 등장과 함께 더욱 강력해지고 있습니다. 다양한 외부 환경의 변화로 인해 퍼포먼스 마케터는 점점 위기를 맞이하는 중입니다.

그리고 상대적으로 온라인 마케팅에서 우선순위에서 밀렸던 브랜딩과 콘텐츠 마케팅을 많은 곳에서 강화하고, 신규 고객 유입 비용이 매우 높아지면서 CRM^{Customer Relation Management}(고객 관계 관리) 마케팅을 통해 기존 고객들의 충성도를 높이려 하고 있습니다. 또한 SEO^{Search Engine Optimiztion}(검색 엔진 최적화) 마케팅으로 검색 엔진에 자연적인 상위 노출을 늘리려 하고 있습니다. 이 마케팅들의 장점은 과도한 광고비를 단기적으로 쓰는 게 아니라 장기적으로 콘텐츠를 꾸준히 만들고, 고객 충성도를 높여 적은 비용으로도 큰 효과를 볼 수 있다는 것입니다.

특히나 많은 광고비를 쓰지 않고도 다양하고 새로운 콘텐츠로 고객들의 자발적인 참여를 이끌어내고 엄청난 성과를 낸 회사들이 늘어나면서, 콘텐츠의 중요성은 점점 높아지고 있습니다. 적은 광고비로 뛰어난 성과가 나오는 걸 확인했는데 굳이 많은 비용을 쓰면서 단순 광고를 하는 건 이제 큰 의미가 없다는 담론이 늘고 있습니다.

가장 대표적으로 레드불^{RedBull}, 고프로^{GoPro} 같은 브랜드는 퍼포먼스 광고보다는 다양한 콘텐츠를 통해 대중에게 자신들만의 이미지를 구축했고 큰 성공을 이뤄냈습니다.

콘텐츠 마케팅의 대표적인 성공 사례

그러나 아직 퍼포먼스 마케터의 종말을 이야기하기에는 이른 듯합니다. 많은 회사와 광고주는 지금도 온라인 광고에 엄청난 비용을 들이고 있습니다. 현재도 그렇지만 앞으로도 여전히 광고비를 가장 많이 사용하고 실제 성과를 내는 능력 있는 퍼포먼스 마케터는 점점 더 소중해질 것입니다. 왜냐하면 마케터와 광고비는 절대 끊을 수 없는 관계이기 때문입니다.

2022년 기준 한국 광고 시장 규모는 약 16조 5000억 원으로, 그중에서 온라인 광고는 8조 7000억 원으로 52.7%를 차지했습니다. 방송, 인쇄, 옥외광고^{Out Of Home}(OOH) 등 모든 광고를 합쳐도 이제는 온라인 광고를 이기지 못하고 있습니다. 불과 20년 만에 비주류였던 온라인 광고가 광고의 중심이 되었고, 온라인 마케터들은 드디어 마케터의 중심이 되었습니다. 광고의 시작이라고 할 수 있는 인쇄 광고, 엄청난 역사와 함께한 TV 광고를 매우 짧은 기간만에 역전한 건 대단한 일이라고 할 수 있습니다.

광고 시장에서 가장 중요한 것 중 하나는 광고비입니다. 한국에서만 1년에 8조가 넘는 광고비를 수많은 회사들과 광고주들이 온라인에 사용하고 있습니다. 그리고 이들이 가장 원하는 건 결국 성과입니다. **광고비를 쓰고 그 이상의 성과를 내는 건 광고의 기본**입니다. 아무리 광고의 종류가 변해도 이 기본은 변하지 않을 것입니다. 그리고 **광고비를 가장 효율적으로 써서 성과를 내는 마케터가 가장 중요한 역할**을 맡게 됩니다.

그러나 짧은 기간에 급격하게 성장하면서 온라인 마케터들은 스스로의 정체성을 구축하는 데 어려움을 겪고 있습니다. 온라인 광고 초창기에는 마케터가 광고 자체를 고민하기보다는 광고 영업이 가장 우선이던 시절도 있었고 콘텐츠, 광고 소재, 카피, 세팅 그리고 타기팅과 효율 분석, 고객 관리까지 한 명이 동시에 진행해 스스로 어떤 마케터인지 고민했습니다. 4대 매체들은 장기간에 걸쳐 AE^Account Executive, AP^Account Planner, CD^Creative Director, CW^Copy Writer 등으로 각 분야를 전문화시켰지만 온라인 광고는 시간이 너무 부족했습니다. 최근에 와서야 퍼포먼스, 콘텐츠, 브랜딩, 데이터 분석 등으로 세분화되는 과정을 거치고 있습니다.

그리고 온라인 광고는 기존 4대 매체 광고와 다르게 지켜야 할 전통과 배울 수 있는 역사도 없었습니다. 모든 게 새로웠고 책이나 학교 또는 선배에게 배우기도 쉽지 않았습니다. 하루가 다르게 새로운 광고나 분석 방식이 나오다 보니 과거의 경험이나 기록은 크게 중요하지 않고 새로움에 빠르게 적응하는 게 중요했습니다. 그저 '성과' 단 하나만 보고 달려온 것입니다. 지금까지 검색 광고에서 디스플레이 광고, 동영상 광고까지 끊임없이 발전했고 지금도 계속 변화하고 발전하고 있습니다.

마케터의 위기? 마케터의 기회!

머신러닝 광고가 처음 나왔을 때도 퍼포먼스 마케터의 종말에 관한 이야기가 많았습니다. 마케터가 고작 몇 개의 광고 소재를 테스트할 때, 머신러닝은 수천 개의 소재를 자동으로 만들어 테스트하고 광고를 최적화시킵니다. 머신러닝이 온라인 마케터를 빠르게 대체할 것이라고, 이제 곧 마케터가 필요 없는 세상이 올 것이라고들 이야기했죠. 그러나 머신러닝 광고가 나온 지 이미 10년이 넘은 지금 온라인 마케터들은 사라지지 않았고 도리어 엄청나게 늘어났습니다. 아무리 머신러닝이 강력해도 결국 머신러닝의 처음과 끝에는 마케터가 필요합니다. 어떤 광고의 머신러닝이 더 효율적인지, 광고비를 얼마나 써야 할지 등 가장 중요한 선택은 결국 마케터가 해야 하기 때문입니다.

'개인정보 보호 강화로 인한 타기팅의 변화와 광고 효율 감소'도 결국 시간이 지나면 해결될 것으로 보입니다. 타기팅이 어려워지면서 광고 효율은 떨어지는데 광고비는 비싸지는 건, 광고 매체들이 자신들의 이익을 위해 타기팅이 달라졌음에도 노출 비용을 그대로 받으려고 하기 때문입니다. 효율이 떨어져서 광고주들이 떠나기 시작하면 그때서야 가격을 낮춰 다시금 적절한 노출 비용으로 돌아오게 됩니다. 마케터들은 당장 효율이 떨어지는 광고를 중지하고, 효율이 좋은 광고를 찾아서 이동하면 됩니다.

온라인 광고 종류는 매우 많으므로 효율이 떨어지는 광고를 유지할 이유는 전혀 없습니다. 예를 들어 검색 광고는 개인정보 보호 강화로 인해 다시금 중심 광고로 올라올 것으로 보입니다. 최근 몇 년간 많은 회사와 마케터는 오래되고 자동화가 힘든 검색 광고보다는 화려하고 머신러닝을 활용하는 DA, VA 광고를 진행하는 경우가 많았습니다. 그래서 교육도 줄어들고 검색 광고 전문 마케터들도 줄어드는 현실이었는데, 이제는 역설적으로 오래되고 실력 있는 검색 광고 마케터들이 더 소중해지고 대우받는 상황이 오고 있습니다.

'콘텐츠, 브랜드 마케팅의 강화로 인한 퍼포먼스 마케팅의 축소'도 막상 큰 문제로 다가오지 않을 것입니다. 이 마케팅들로 성과를 내기 위해서는 단기간이 아니라 장기간 꾸준한 노력이 필요합니다. 그저 성공한 콘텐츠를 따라만 해서는 성과를 얻기 쉽지 않을 것입니다. 그리고 마케터들이 장기간 콘텐츠와 브랜딩을 한다고 해도, 당장 성과가 보이지 않으면 방향성을 잃고 쉽게 바꾸는 회사들이 대부분입니다. 이런 회사들은 절대로 온라인 광고비를 쉽게 줄이지 못합니다. 서비스나 상품의 기본에 충실한 곳들만 성과가 나옵니다. 그저 유행하는 마케팅을 따라만 하는 곳들은 다시 광고비를 늘리면서 현재의 매출을 유지할 수밖에 없습니다. 콘텐츠나 브랜딩의 강화는 마케터의 세분화 과정이자 전체 온라인 마케터들이 늘어나는 이유가 될 뿐입니다. 이 마케팅들이 강화된다고 해서 퍼포먼스 마케터가 줄어들 이유는 전혀 없습니다.

다만 이제는 퍼포먼스 마케터의 역할이 조금씩 바뀔 거라는 건 인정해야 합니다. 단순히 광고 채널 운영만 집중하기보다는 광고 자체의 콘텐츠에도 신경을 써야 하고, 데이터 분석도 지금보다 더 고도화시켜야 하고, 광고 외 서비스와 상품 개선에도 참여하는 등 조금 더 역할이 세분화되고 여러 분야로 구분될 전망입니다.

온라인 마케터의 역할은 끊임없이 변화했습니다. 마케터의 1순위 역량이 광고 영업이었던 시절도 있었습니다. 새로운 온라인 광고의 진행을 설득하고 시작하는 것 자체가 너무나 힘든 시절이었습니다. 그다음 광고 소재나 운영에 집중하던 시기를 지나고 데이터 분석의 고도화 시기까지, 언제나 시대가 원하는 마케터의 1순위 역할은 변화해왔으며 적응하는 마케터만이 살아남고 있습니다.

진정한 퍼포먼스 마케팅의 시대

저 같은 오래된 온라인 마케터는 솔직히 어떤 마케터라고 불러야 할지 모르겠습니다. 광고 영업으로 시작해서 광고 운영부터 데이터 분석, SNS 관리, 콘텐츠 제작, 바이럴, CRM까지 진행하고 광고 종류도 SA, DA, VA 등 온라인으로 할 수 있는 대부분의 마케팅을 원하든 원치 않든 경험할 수밖에 없었습니다. 그런데 언젠가부터 스스로를 '퍼포먼스 마케터'라고 생각하기 시작했습니다. 끊임없이 변화하는 온라인 광고 시장에 가장 어울리는 마케터는 성과를 위해서라면 어떤 방법도 받아들이고, 새로움에 적응하는 퍼포먼스 마케터라고 생각합니다. 여기서 방법이란 모든 것을 의미합니다. 새로운 광고, 콘텐츠, 브랜딩, CRM 그 어떤 방법이라도 성과를 올릴 수만 있다면 모든 걸 받아들이고, 심지어 서비스나 상품의 개선까지 참여해서 **전부를 바꿔서라도 성과를 내는 마케터가 진정한 의미의 퍼포먼스 마케터**라고 생각합니다.

1994년을 온라인 광고의 시작으로 보자면 불과 28년 만에 전체 광고 시장의 절반 이상을 차지하는 커다란 성과를 이뤘습니다. 그 과정 속에 수많은 온라인 마케터가 있었고 이들이 이루어낸 성과는 광고의 역사 그 자체였습니다. 마케터의 종류와 상관없이 온라인 광고와 관련된 모든 마케터들은 이 성과에 대해 이제 충분히 자부심을 가져도 될 것입니다. 그리고 앞으로도 온라인 광고의 성장은 절대로 멈추지 않을 것입니다. 마케터의 종류와 상관없이 모든 온라인 마케터들은 끊임없이 늘어나고 점점 세분화되지 않을까 합니다.

마지막으로 젊은 퍼포먼스 마케터들에게 현재의 상황을 너무 걱정하지 말라고 이야기하고 싶습니다. 이 정도 위기는 그전에도 수없이 있었고 그저 온라인 광고 시장에서는 작은 변화일 뿐입니다. 그렇지만 꼭 기억해야 하는 건 새로움을 받아들이는 것을 멈추지 않고, 과거의 기록 따위는 잊는 것입니다. 온라인 광고가 다른 광고를 이길 수 있었던 가장 큰 이유는 **"성과를 위해서 모든 걸 바꾼다!"**라는 마인드였습니다.

그리고 온라인 광고는 아직 30년도 안 되었습니다. 앞으로 30년간 더 큰 성장을 해야 합니다. 그 가운데 현재의 퍼포먼스 마케터들은 큰 역할을 하고 있을 것이라고, 이제는 본인들의 시대가 왔다고, 광고 시장의 중심에서 자신감을 가져도 된다고 말하고 싶습니다. 절대로 퍼포먼스 마케팅의 위기가 아니며 단언컨대 드디어 진정한 의미의 '퍼포먼스 마케팅의 시대The Age of Performance Marketing'가 도래한 것입니다.

쿠키의 변화가
광고에 끼칠 영향 및 대안

온라인 광고에서 쿠키가 사라지고 있다

광고의 효율이 떨어졌을 때 그 원인으로 꼽기에 가장 부적절한 것은 '시즌적 요인'과 '외부 환경의 변화'가 아닐까 합니다. 이 두 가지는 특별한 경우가 아니라면 가능한 원인으로 내세우면 안 됩니다. 그저 마케팅의 실패를 감추기 위한 핑계로 여겨질 때가 많으니 광고 소재, 세팅, 타기팅, CPC, 이벤트, 홈페이지 등 다른 하락 원인을 찾는 게 현명해 보입니다.

그러나 아주 드물게 하락 원인이 정말 저 두 가지 중 하나일 때가 있습니다. 이때가 마케터로서 가장 힘든 시기입니다. **마케터의 실력 부족이 아닌 외부 환경의 변화로 인한 전체적인 광고 효율의 하락이라면 해결 방법을 찾기 쉽지 않습니다.** 시즌적 요인은 보통 계절에 따른 변화가 가장 크기 때문에 그래도 어느 정도 예측이 가능하지만, 광고 시장 전체의 외부 환경 변화는 예측하기 쉽지 않습니다.

온라인 광고에서 쿠키의 역할

온라인 광고 시장에도 큰 변화가 생겼습니다. 온라인 광고에서 큰 역할을 담당하고 있는 쿠키cookie[03] 정책이 전체적으로 변하고 있습니다. 온라인 마케팅에서 처음 쿠키를 활용하여 리타기팅 광고를 선보인 크리테오 이후 현재는 대부분의 광고 채널들이 맞춤형 타기팅에서 쿠키를 활용하고 있습니다.

2005년 처음 크리테오 광고가 생겼을 때의 충격은 대단했습니다. 고객을 따라다니는 광고라는 건 그전에는 상상도 못했기에 시대를 앞서가는 새로운 시도였습니다. 크리테오가 한국에 처음으로 리타기팅 광고를 출시할 때 저도 운 좋게 가장 먼저 테스트했습니다. 초창기에는 상품, 회사, 업종을 가리지 않고 엄청난 효율을 내주는 광고였습니다. 그 이후 수많은 광고 채널이 리타기팅 광고를 내놓으면서 쿠키를 활용하는 광고는 이제는 온라인 마케팅에서 큰 역할을 맡고 있습니다.

그러나 무작위 개인정보 활용이 정당한지에 대한 논의가 계속 이어졌고, 2020년 프랑스가 개인정보 보호 규정을 위반했다며 구글과 아마존에 각각 1억 유로(한화 약 1317억원)와 3500만 유로(한화 약 461억원)의 과징금을 부과했습니다. 그때까지 유럽연합(EU)에서 부과된 개인정보 침해 관련 벌금 중 가장 큰 액수였습니다. 이제 쿠키를 활용한 광고는 기존처럼 쉽게 진행하긴 어려울 것으로 예상됩니다.

결국 구글도 인터넷 검색 기록을 기반으로 하는 광고 판매를 줄일 예정입니다. 월스트리트저널 등에 따르면 구글 모기업 알파벳Alphabet은 이용자들이

---

03   웹 사이트에 접속할 때 웹 사이트가 있는 서버에 의해 사용자의 컴퓨터에 저장되는 정보.

웹 사이트를 이동할 때 방문 기록을 파악하거나 이용자를 식별하는 기술을 사용하지 않겠다고 밝혔습니다. 그러나 구글은 다른 회사 데이터에 의존하지 않고도 광고를 판매하는 데 전혀 무리가 없습니다. 유튜브, 구글 검색 등 자사가 보유한 대규모 서비스를 기반으로 광고 사업을 충분히 유지할 수 있고, 도리어 이 정책으로 혜택을 볼 것이라는 전망도 나오고 있습니다. 서드파티 회사들이 약해지고 구글은 더 강력해질 것 같습니다. 그리고 애플의 쿠키 정책 변화가 바로 이어집니다.

> ### iOS 14의 개선된 개인정보 보호 정책
> '앱 추적 투명성app tracking transparency'으로 불리는 프라이버시 규정 발표. 해당 규정에 따르면 개발자가 아이폰, 아이패드 사용자 정보에 접근하기 위해서는 반드시 사전에 사용자 허락을 구해야만 한다. 애플은 해당 규정을 운영체제 iOS 14에 적용할 계획이다.

기존에 고객들의 쿠키 값을 활용해 정밀화된 타기팅 광고를 진행할 수 있었는데, 이제는 매우 어려워졌습니다. 이 정책으로 인해서 가장 큰 타격을 입을 것으로 예상되는 채널은 페이스북과 인스타그램입니다. 미국 현지에서는 페이스북 온라인 광고 매출이 약 40~50% 하락할 수 있다는 의견까지 나왔습니다. 페이스북의 2020년 연간 매출은 859억 6500만 달러(한화 약 95조 6102억 원)이고 이 매출의 대부분이 광고 매출임을 감안하면 엄청난 타격이 예상됩니다. 시장 조사 업체인 로테임Lotame에 따르면 개인정보 보호 정책 변화로 페이스북의 광고 매출액은 거의 130억 달러(한화 약 18조)가량 타격을 받을 것으로 예상되었습니다.

페이스북이 미국 내 일간지에 애플을 비난하는 성명서를 도배하는 상황까지 왔습니다. 애플의 정책으로 소상공인들이 큰 피해를 입을 수 있다는 성명서입니다.

We're standing up to Apple for small businesses everywhere

At Facebook, small business is at the core of our business. More than 10 million businesses use our advertising tools each month to find new customers, hire employees and engage with their communities.

Many in the small business community have shared concerns about Apple's forced software update, which will **limit businesses' ability to run personalized ads** and reach their customers effectively.

Forty-four percent of small to medium businesses started or increased their usage of personalized ads on social media during the pandemic, according to a new Deloitte study. Without personalized ads, Facebook data shows that the **average small business advertiser stands to see a cut of over 60% in their sales for every dollar** they spend.

While limiting how personalized ads can be used does impact larger companies like us, these changes will be devastating to small businesses, adding to the many challenges they face right now.

Small businesses deserve to be heard. We hear your concerns, and we stand with you.

Join us at fb.com/SpeakUpForSmall

전 세계 소상공인을 위한 것일까? 아니면 페이스북을 위한 것일까? ⓒ페이스북

해외 대기업들이 서로 자신들의 이익을 위해서 싸우는 게 우리에게 무슨 의미가 있냐고 물을 수 있지만, 하필 페이스북 광고가 한국에서도 꽤 큰 비중을 차지하고 있어 이 변화는 꽤나 중요합니다.

제가 운영하던 페이스북 광고 효율도 갑작스럽게 45% 정도 떨어졌습니다. 한 달 사이에 특별한 소재 변경이나 세팅 그리고 광고비 변화가 없었는데 너무 갑작스러운 하락이었죠.

아직 애플이 강제로 정책을 적용하지도 않았는데 이렇게 효율이 떨어지는 건 페이스북이 미리 노출과 타기팅 변경 테스트를 진행하고 있는 건지, 그 외 다른 원인인 건지 정확한 분석이 어렵습니다. 확실한 건 효율이 크게 떨어졌다는 점입니다. 최근 몇 년간 이런 하락은 경험한 직이 없었습니다. 단기간 운영한 채널도 아니고 몇 년간 안정적인 효율을 유지하던 채널이었습니다. 만약 다른 광고 채널들도 다 같이 떨어졌다면 다른 원인이라고 생각할 수도 있지만 네이버, 카카오, 구글 등 다른 메이저 광고들은 이 정도까지 큰 하락이 없었습니다. 인정하기는 싫지만 이런 경우는 외부 환경의 변화를 효율 하락의 원인으로 볼 수밖에 없습니다.

이렇게 외부 요인으로 인한 마케팅 효율 하락 시 대안으로는 몇 가지가 있습니다.

① 효율이 좋은 다른 광고 채널을 찾는다

만약 외부 문제로 특정 광고의 효율이 떨어진다면, 가장 먼저 다른 광고 채널을 찾는 게 최우선입니다. 가장 간단하면서도 가장 좋은 방법입니다.

현재 한국에서 페이스북을 대체할 광고 채널을 생각해보면 구글 GDN, 네이버 GFA, 카카오톡 비즈보드 등이 있습니다. 이 중에서 노출이 좋은 광고 채널로 비용을 분산시킬 수밖에 없습니다. 그렇지만 페이스북 광고는 DA 광고이면서 SNS 광고이다 보니 직접적인 대체 채널을 찾기가 힘든 게 현실입니다. 그리고 검색 광고나 디스플레이 광고는 광고 특성이 다르다 보니, 이 광고들로 이동하는 것도 시간이 꽤 걸리게 됩니다. 페이스북처럼 전체 광고 시장에서 큰 점유율을 차지하는 광고의 대체제를 찾는 건 불가능한 건 아니지만, 많은 시간과 비용이 필요합니다.

한국은 페이스북이나 인스타그램의 점유율이 워낙 높아 이걸 대체할 만한 SNS가 그나마 틱톡^{TikTok}입니다. 하지만 틱톡의 광고 효율은 아직 검증되지 않았고, 사용 연령층도 현재는 낮은 편입니다. SNS 광고에서 페이스북, 인스타그램의 직접 대체는 당분간 힘들고, 그저 다른 디스플레이 광고로 노출과 클릭 그리고 효율을 비슷하게 유지하는 것이 대안입니다.

② 광고 소재나 세팅을 전체적으로 변경한다

외부 환경 변화가 있어도 그 광고 채널을 이용하는 고객층이 줄어들거나 사라진 게 아니라면, 환경에 맞게 새롭게 광고 소재와 세팅을 변경하면서 다시 효율을 안정시킬 방법을 찾아야 합니다.

즉 페이스북, 인스타그램 유저들이 없어진 게 아니라면 다시 처음으로 돌아가 효율이 나오는 방법을 여러 테스트를 하면서 찾는 것입니다. 그러나 이 방법도 많은 시간과 비용이 든다는 단점이 있습니다.

장기간 안정적으로 효율이 나오던 광고 소재와 세팅을 포기하는 게 쉽지는 않겠지만 변한 환경에서 유지할 수는 없습니다. 이 광고를 처음 한다는 생각으로 여러 테스트를 거쳐 방법을 찾는 수밖에 없습니다.

③ 환경 변화가 안정이 되는 동안 광고비를 잠시 줄이면서 기다린다

광고비를 잠시 줄이며 외부 환경이 안정될 때까지 지켜보는 것도 대안입니다. 자신도 없으면서 무리하게 다른 광고를 하거나, 세팅을 변경하면서 계속 광고비를 쓰는 대신 잠시 기다리는 방법입니다.

어차피 이런 외부 환경 변화는 온라인 마케팅에서 주기적으로 발생했고 그때마다 해결 방법도 나왔습니다. 가장 공격적인 회사나 마케터가 먼저 과감한 테스트를 통해 방법을 찾게 되면, 업계 전체로 퍼지는 데 그리 오래 걸리지 않습니다. 그때까지만 잠시 광고비를 아끼는 것도 절대 나쁜 방법은 아닙니다. 그러나 만약 광고비를 꼭 써서 현재 매출, 회원가입, 다운로드 등의 일성 수치를 유지해야 한다면, 잠시 광고비를 줄이는 결정도 쉽지 않을 것입니다.

일단 저는 위 세 가지 방법을 전부 진행해봤습니다. 광고 채널을 지속적으로 확장하고, 페이스북 광고 세팅을 처음부터 다시 하고, 그러면서 페이스북 광고 예산을 줄이면서 광고비를 일시적으로 절약하고, 확실한 대안이 나올 때 광고비를 쓰기 위해서 준비했습니다. 이렇게 모든 방법을 진행하면서 다행히 쿠키 정책 변화의 위기를 이겨낼 수 있었습니다.

오버추어의 한국 철수, 다음Daum에서 네이버로 검색 포털의 변화, 검색 광고에서 디스플레이 광고로의 변화, 리타기팅 광고의 등장, 스마트폰으로 인한 모바일 광고의 확장, 머신러닝 광고의 시작 등 온라인 마케팅은 항상 주기적으로 큰 변화가 불어닥쳤습니다. 그때마다 적응하는 마케터와 회사는 살아남았고, 적응하지 못한 마케터와 회사는 도태되고 사라졌습니다.

쿠키 활용의 변화가 광고 시장에도 큰 영향을 미칠 건 확실합니다. 다행히 이런 큰 변화가 있을 때마다 언제나 마케터들은 해결 방법을 찾았다는 사실을 잊지 않길 바랍니다. 지금은 그 방법을 기다리거나, 아니면 먼저 앞장서서 해결 방법을 찾아야 하는 시점입니다.

타기팅의 시대에서
논타기팅의 시대로

— 3 - 3 —

쿠키 없이도 살아남기

2005년 고객들의 쿠키를 활용한 리타기팅 광고가 처음 시작되었을 때, 과연 이 광고가 법적으로 문제가 없는 것인지에 대한 치열한 논의가 있었습니다. 논의의 끝에 문제가 없다고 판단했기에 이후 거의 모든 온라인 광고는 고객의 쿠키를 활용한 정밀화된 타기팅 광고를 진행했습니다. 세분화된 타기팅이 가능해지면서 온라인 광고는 엄청난 효율을 보여줬습니다. 웹사이트나 앱에 방문한 사용자가 남기는 흔적으로 관심사를 파악했고, 이를 활용한 리타기팅 기법으로 구매 전환율을 매우 크게 높였습니다. 그로 인해 온라인 광고 시장은 막대한 성장을 했습니다.

하지만 이제 더이상 쿠키를 활용한 광고를 운영할 수 없는 환경이 되어가고 있습니다. 빠른 시간 내에 대체 방안이 나오리라 예상했지만 꽤 시간이 지난 지금까지 뚜렷한 방법이 나오지 않고 있습니다. SKAdNetwork^{StoreKit Ad}

Network[04], 퍼스트 파티 데이터 활용법, 핑거프린트 기법 등 여러 가지 방법이 나왔지만 그럼에도 기존의 방식을 완벽하게 대체하지 못하고 있고 광고 효율이 떨어지는 걸 막지 못하고 있습니다.

타기팅의 시대가 저물어가고 논타기팅의 시대로 변화하고 있습니다. 논타기팅의 시대에 적응하는 방법을 찾아야 할 때입니다. 광고를 해야 하는 상품이나 서비스에 큰 변화가 없다고 가정하고, 개별적으로 대응 방안을 찾는 게 아니라 광고 측면에서 현재 상황에 적응하기 위한 방법을 생각해봤습니다.

① 검색 광고의 비중을 높인다

검색 광고는 가장 기본적인 광고입니다. 고객이 스스로 검색해서 보는 광고이기 때문에 타기팅이 확실하다는 강점이 있습니다. 아무리 DA, VA 광고들이 타기팅을 세분화시켜도 고객이 직접 검색어를 입력하는 것보다 정확할 순 없습니다. 개인정보 강화로 인한 타기팅의 변화와도 상관이 없죠.

또 직접 검색을 한다는 건 어떤 잠재 고객보다도 구매 욕구가 강한 상황이기 때문에 광고 효율은 온라인 광고 중에 최고라고 봐도 무방합니다. 상대적으로 이 광고의 비중을 높여 효율이 떨어지는 다른 광고를 대체하는 것도 좋은 방안일 것입니다.

그러나 단점도 생각해야 합니다. 다른 온라인 광고에 비해 단기간에 많은 유입을 늘리기가 쉽지 않고 업종이나 회사 이미지에 따라 어울리지 않는 경우도 많습니다. 또 검색어마다 노출 영역이 부족하기 때문에 경쟁이 매우 치열해 그 어떤 광고보다 CPC가 높습니다. 이렇듯 검색 광고는 장단점이 확실하

---

04 애플이 제공하는 개인정보 보호 중심 광고 네트워크 API. 이를 통해 광고주는 사용자 개인정보를 보호하면서 광고 캠페인의 성과를 측정할 수 있다.

므로 회사나 상품의 특성에 맞춰 고민해야 합니다.

② 광고 소재로 고객을 최대한 구분한다

광고 소재를 최대한 엄격하게 만들며 타기팅하는 방법이 점점 더 활용도가 높아질 것으로 보입니다. 타기팅을 꼭 광고 설정으로만 하는 게 아니라 처음 광고 소재를 만들 때부터 정확하게 타기팅을 좁혀서 제작하는 방법입니다.

광고 소재 타기팅이 정확하면 CTR(클릭률)은 떨어지겠지만 그 대신 전환은 높아지게 됩니다. 처음부터 광고 목적으로 타기팅이 되지 않고, 논타기팅이라고 가정하고 광고 소재를 제작하는 게 효율적입니다. 단 이 방법을 활용하기 위해서는 회사가 원하는 고객층이 상세히 분석된 상황이어야 합니다. 또한 여러 광고를 동시에 운영하면서 광고 노출이 충분해야 하고, 상대적으로 CPC가 높아지기도 하므로 장기간 여러 광고 소재를 테스트하면서 최적의 소재를 찾아야 합니다.

③ 여러 온라인 광고를 동시에 운영하고 비교한다

온라인 광고를 최대한 여러 가지로 분산시키며 효율 하락을 막을 필요가 있습니다. 특정 광고에 예산이 집중되어 있으면 타기팅 변화에 크게 영향을 받겠지만, 만약 미리 다양하게 분산시켰다면 큰 영향을 받지 않게 됩니다.

SA, DA, VA 등 다양한 광고로 예산을 분배하고, 효율 변화에 따라서 예산 비중을 조정하면 좋습니다. 다만 이 방법은 광고 운영이 매우 복잡하고 예산이 어느 정도 규모가 있을 때 유리하며 각 광고의 실제 효율이 상세히 비교 분석이 가능한 상황이어야 합니다. 운영상 여러 단점이 있지만 변화가 심한 온라인 광고 시장에 적응하는 가장 유리한 방법입니다.

④ SEO, CRM, 콘텐츠, 브랜드 마케팅을 강화한다

SEO, CRM 마케팅의 중요성이 점점 높아지고 있으며 콘텐츠, 브랜드 마케팅은 이제는 필수로 여겨지고 있습니다. 뻔하지만 이 마케팅들에 관한 역량 향상이 매우 중요해졌습니다.

그러나 이 방법들을 활용하고 효과를 보는 건 생각보다 어렵습니다. 가장 큰 이유는 많은 시간이 필요하기 때문입니다. 장기간 꾸준히 인원과 시간을 투입해야 하는데, 현실적으로 이 시간을 버티는 회사가 많지 않습니다. 대부분의 회사가 단기간 내에 효율이 나오지 않으면 방향성을 잃어버리고, 당장 효율이 나오는 온라인 광고로 돌아갈 것입니다.

가장 기본이면서도 가장 어려운 이 마케팅들을 장기간 유지하고 역량을 키울 수만 있다면, 광고 효율의 하락을 막을 뿐만 아니라 나중에 더 큰 성과를 얻을 수 있을 것입니다.

이제는 개인정보 보호로 인해 상세한 타기팅은 힘들어졌습니다. 그러나 타기팅이 어려워진다고 해서 온라인 광고를 보는 고객들이 사라진 건 아니기 때문에, 변화하는 환경에 맞춰 회사와 마케터들은 새롭게 적응해내면 됩니다.

그리고 아무리 광고 환경이 변화한다 해도 본질은 변하지 않습니다. 결국 상품과 서비스, 광고 소재가 좋다면 타기팅 없이도 효율은 나옵니다. 타기팅의 발전이 광고의 효율을 높여주기는 했어도 부족한 광고 소재, 상품과 서비스를 가진 회사들의 성과까지 올려주진 않았습니다. 본질에 충실한 회사들과 마케터는 이 위기를 쉽게 이겨낼 수 있을 것입니다. 늘 그렇듯 '커다란 변화는

누군가에게는 큰 위기가 되지만 누군가에게는 큰 기회'가 될 것입니다.

변화가 급격한 시대입니다. 적응도 매우 어려운 게 사실입니다. 이럴수록 기본에 충실해야 합니다. 기본에 충실해야만 위기와 변화를 이겨낼 수 있습니다. 서비스와 상품을 개선하고, 고객에 다시 집중하고, 광고의 기본적인 부분을 다시 돌아보고 개선해야 합니다. 이런 시기일수록 **타기팅의 힘을 빌리지 않고 논타기팅 광고에서도 효율을 낼 수 있는 능력**을 갖춘 회사와 마케터만이 위기를 기회로 만들 것입니다.

영상 광고의 시대

—— 3 - 4 ——

더 새로운 것이 필요하다

온라인에서의 영상 광고(VA)는 아직은 조금 낯선 광고입니다. 온라인 광고는 검색 광고(SA)에서 시작해 디스플레이 광고(DA)로 확장되었고, 나중에 여러 종류가 추가되었지만 거의 10년이 넘게 SA, DA가 주류를 차지했습니다. 거의 대부분의 온라인 광고는 이 두 가지에서 벗어날 수 없었습니다.

반대로 오프라인에서는 TV 광고가 압도적인 점유율을 유지하고 있기 때문에, VA는 오프라인 광고라는 느낌이 강했습니다. 화려하고 유명한 모델을 사용한 TV 광고가 대표적입니다. 온라인에서 VA의 활성화가 어려웠던 원인은 여러 가지가 있습니다. 가장 첫 번째로 예전에는 고객들이 싫어하는 광고였기 때문입니다. 3G 데이터를 쓸 당시에는 인터넷 속도도 느렸고, 데이터 통신 비용도 비쌌기에 영상 광고가 나오는 순간 고객들은 끄느라 급급했습니다. 결국 검색, 디스플레이 광고에 비해 태생적으로 불리한 조건을 가졌기에 온라인에서 크게 주목받지 못했죠.

그러나 시간이 지나면서 무제한 요금제가 나오는 등 데이터 비용이 저렴해졌고, 모바일 기기 성능도 좋아지고 화면이 커진 것은 물론 결정적으로 한 플랫폼의 등장으로 영상 광고의 시대가 화려하게 열렸습니다. 그 플랫폼은 바로 유튜브^{YouTube}입니다. 동영상 플랫폼으로서 압도적 위치를 차지한 덕에 최근에는 10~20대들은 검색을 유튜브에서 하고, 50~60대들은 TV보다 유튜브를 보는 시간이 더 많다고 합니다. 온라인 광고는 자연스럽게 고객이 많은 플랫폼으로 이동하게 됩니다. 검색 포털에서 SNS, 이제는 유튜브, 틱톡 등 동영상 플랫폼으로 이동했습니다.

지금은 유튜브의 시대

2005년 유튜브가 처음 생길 때만 해도 속도도 느리고 콘텐츠 또한 빈약했습니다. 하지만 구글이 인수 후 서비스의 대대적인 개선을 통해, 이제는 전 세계적으로 압도적인 동영상 플랫폼이 되었습니다. 유튜브가 경쟁 서비스들을 이길 수 있던 요인은 여러 가지가 있지만, 광고 관점으로 볼 때 초반에 경쟁 서비스에 비해서 광고가 적었다는 점이 큰 장점이었습니다. 다른 경쟁 서비스들은 엄청난 서버비 및 운영비를 감당하기 위해 수많은 광고를 붙였고, 곧 유저들의 불만으로 이어질 수밖에 없었습니다. 영상 하나를 보기 위해 억지로 수많은 광고를 봐야 하는 서비스와, 광고가 거의 없는 유튜브는 비교가 될 수 없었죠. 유튜브는 구글이라는 막강한 자본을 가진 회사가 엄청난 적자를 감안하고 버틴 경우입니다. 2009년까지 유튜브의 적자는 4.5억 달러(한화 약 5000억)에 달했다가 2010년부터 흑자로 전환했습니다.

온라인 플랫폼들이 이익을 내는 과정은 거의 비슷합니다. 처음에는 무료로 최대한 많은 유저들을 모으고 그 이후 광고를 적용해 이익을 창출합니다. 구글, 페이스북, 네이버, 카카오 등 거의 모든 서비스들이 비슷합니다. 경쟁 서비스들이 없어지기 전까지 최대한 광고 없이 무료를 유지하다가 경쟁 서비스들이 적자를 버티지 못하고 사라지면, 그 이후부터 엄청난 광고를 이용해 이익을 내려 합니다. 유튜브도 독점적인 플랫폼이 되면서 영상 광고가 온라인에서 크게 확장되는 계기가 되었습니다.

그리고 틱톡 또한 새로운 SNS로 떠오르며 기존에 SA, DA 종류만 있던 온라인 광고 채널들이 조금씩 VA 영역을 늘리기 시작했습니다. 드디어 명확하게 영상 광고의 시대로 변화하고 있습니다.

그러나 이전에 영상 광고가 온라인에서 활성화가 안 된 원인은 또 있었습니다. 텍스트만 수정해도 되는 검색 광고와 디자인만 수정해도 되는 배너 광고에 비해서, 영상 광고는 광고 소재를 만들기가 다른 광고에 비해 까다롭습니다. 광고 영상을 만들려면 큰 비용과 많은 시간이 필요합니다. 대기업들이 막대한 비용으로 유명한 모델을 활용하는 것과 비슷한 수준으로 하지 못할 바에는 검색이나 배너 광고를 진행하는 게 비용, 시간 면에서 유리합니다.

이미 오랜 기간 SA, DA는 일정 비용을 사용해 어느 정도 효율이 나올지 이미 검증이 된 상태입니다. 가장 대표적으로 의류 업종은 광고 채널별로 어느 정도 CPC를 적용해야 하는지 카피와 배너, 키워드, 타기팅, 광고별 세팅 방법 등 마케터 입장에서 쉽게 정보를 얻을 수 있습니다. SA, DA는 온라인에서 상당히 안정적이라는 뜻입니다. 그러나 영상 광고는 광고 소재나 운영 방법 등에 관한 정보가 많지 않아서 광고 진행 후 실패 확률도 높습니다.

TV와 유튜브의 차이

TV 광고용으로 만든 영상을 온라인용으로 단순히 재편집해 사용한다고 효율이 동일하게 좋을 수는 없습니다. 온라인에 어울리는 영상을 만들어야 합니다. 전 국민이 아는 유명한 모델이 나오는 등 막대한 자본을 들여 만든 영상이 도리어 새로운 아이디어의 저렴한 영상보다 효율이 떨어지기도 합니다. 왜냐하면 화면 크기, 시청 환경, 노출 시간, 노출 방식 등이 기존 TV 광고와는 다르기 때문입니다. 결국 영상 광고도 온라인에 어울리는 방법이 있으므로 그걸 찾는 게 앞으로의 과제입니다.

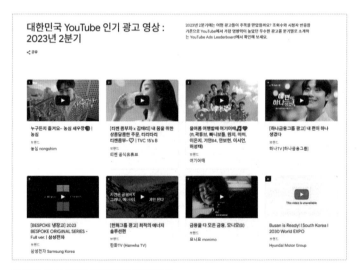

대한민국 유튜브 인기 광고 영상(2023년 2분기)

유튜브에서 발표하는 인기 광고 영상을 보면, 확실하게 점점 TV 광고와는 다른 느낌의 광고들이 인기를 끌고 있습니다. 물론 여기 나온 영상들도 유명 모델과 많은 비용을 들여 만든 것이 대부분입니다. 그러나 점점 새롭고 신선한 아이디어를 활용한 영상들이 주목받고 있습니다. TV 광고와 다르게 언제든 광고를 끄거나 넘길 수 있고, 보자마자 평가할 수 있을 뿐 아니라 마음에 들면 주위에 쉽게 공유도 가능하기 때문에 고객을 한눈에 사로잡는 영상이 필요합니다.

실제로 새롭고 신선한 아이디어로 적은 비용을 들여 큰 성공을 거둔 영상이 계속 생기고 있습니다. 처음부터 많은 비용을 들이는 게 아니라, 적은 비용으로 여러 번 테스트를 하면서 효과가 좋은 광고 소재를 찾는 게 중요해졌습니다. 다음 이미지는 CU의 '편의점 고인물' 광고입니다. 유명 모델을 쓰지 않고도 브랜드만의 스토리를 담은 콘텐츠로 팬덤 구축과 브랜드 호감도 상승을 노렸습니다. 많은 이의 공감을 살 만한 참신한 아이디어로 주목을 끈 사례입니다.

2023 유튜브 어워즈 그랑프리 선정작 – CU '편의점 고인물' 광고

영상 광고는 어떤 광고 세팅이 적절한지, 어떤 광고 채널이 유리한지, 어떤 광고 소재(영상)를 써야 하는지 등 아직은 많은 테스트가 필요합니다. 저렴한 비용으로 어떻게 운영해야 효과적인지 아직은 제대로 검증되지 않았습니

다. 아직은 대기업이나 광고비가 많은 회사가 독점하는 추세입니다. 비싼 모델, 퀄리티 있는 영상이나 성우 등을 준비하지 못하는 광고비가 적은 회사나 마케터들은 시작조차 쉽지가 않습니다.

그러나 당연히 사용자가 많은 플랫폼의 광고를 빠르게 준비해야 마케터는 뒤처지지 않기에 미리 준비해야 합니다. 동영상 플랫폼이 점점 활성화되면서 다른 플랫폼들도 동영상 서비스를 앞다투어 내고 있습니다. 틱톡이 성공하자 인스타그램에서는 릴스를, 유튜브는 쇼츠를 내놓은 것처럼 숏폼이 필수적인 서비스가 되고 있습니다. 더 이상 영상 광고는 사용자가 싫어하는 광고가 아닙니다. 1분이 넘어도 재미있게 시청하고, 직접 주위에 공유하기도 할 정도로 큰 효과를 보는 경우가 늘어나고 있습니다. 이제 영상 광고의 시대가 왔으니, 마케터들도 발빠르게 움직여야 할 것입니다.

SNS 광고의 새로운 변화, 틱톡 광고

MZ 세대 SNS에 적응하기

SNS는 온라인 광고 시장에서 매우 매력적인 플랫폼입니다. 젊은 세대들은 대부분 SNS에서 관계를 구축하고 일상을 공유하는 등 많은 시간을 보내기에, 광고를 진행하기 더없이 좋은 공간입니다. 10~20대들을 타깃으로 하는 회사들은 거의 필수적으로 SNS 광고를 진행하곤 합니다.

SNS도 유행에 따라서 보통 한 플랫폼이 압도적인 점유율을 차지합니다. 독자분들 중 얼마나 아실지 모르겠지만 예전에는 '세이클럽', '아이러브스쿨', '싸이월드' 등 다양한 국내 SNS들이 큰 점유율을 차지했었습니다. 하지만 아쉽게도 페이스북, 뒤이어 인스타그램에게 그 자리를 넘겨주어야만 했죠. 2012년 떠오르던 인스타그램을 페이스북이 10억 달러에 인수하면서 결국 SNS 광고 시장의 대부분은 페이스북이 차지했습니다.

그러나 페이스북이나 인스타그램 유저들이 점점 나이가 들면서 10대들은 자신만의 SNS를 새롭게 찾기 시작했습니다. 그리고 마침내 틱톡이 10대들의 새로운 SNS로 자리잡고 있습니다. 틱톡은 한때 보안 문제 등 여러 이슈로

주춤했지만 결국 최근 전 세계 다운로드 1위 앱으로 등극했습니다. 한국에서만 500만 사용자를 돌파한 것은 물론 숏폼short-form이라는 새로운 장르를 따라가기 위해 인스타그램도 릴스Reels, 유튜브도 유튜브 쇼츠Youtube Shorts를 내놓은 바 있습니다.

틱톡의 실제 광고 효율

절묘한 타이밍의 쿠키 정책 변화로 인해 페이스북, 인스타그램의 타기팅 광고 효율 변동이 심해지면서 자연스럽게 떠오르는 SNS인 틱톡 광고에 관심을 가지게 되어 틱톡 광고를 시작했습니다.

신규 광고 채널을 새롭게 진행하는 건 마케터에게 가장 즐거운 일입니다. 특히나 최근 몇 년간 한국에서는 네이버, 카카오, 구글, 메타 이 네 가지 광고의 점유율이 너무 높았고, 새로운 광고가 살아남기에 매우 어려운 환경이었습니다. 틱톡이 과연 이 기존 막강한 광고들 사이에서 어느 정도 경쟁력이 있을지 매우 궁금했습니다.

Standard Ads 상품별 단가(Q4)

광고 상품		게재위치	청구 방식	단가 (USD)	단가 (KRW)	보장 노출수
탑뷰 (전면광고)		App 실행시 노출되는 전면광고 (브랜드 테이크오버와 인피드 결합상품 · 최대 60초)	CPT (1일 구좌예약)	$30,420	₩ 36,690,000	3,323,000
브랜드 테이크오버 (전면광고)		App 실행시 노출되는 전면광고 (이미지 3초/ GIF & 비디오 3~5초 고정)	CPT (1일 구좌예약)	$ 19,500	₩ 23,520,000	3,917,000
인피드 광고	원데이 맥스	유저들에게 첫번째 노출되는 숏 비디오 광고 (피드 4번째 위치, 최대 60초, 15초 권장)	CPT (1일 구좌예약)	$ 9,300	₩ 11,220,000	1,560,000
	브랜드 프리미엄	첫 130개 영상 내, 랜덤으로 숏 비디오 광고 노출	CPM ($5 기준)	최소 집행 금액 $ 2,000 (1일 최소 $200)	최소 총권 금액 ₩ 2,440,000	N/A
	비딩형	첫 130개 영상 내, 랜덤으로 숏 비디오 광고 노출	CPC/oCPC/ CPV/CPM	최소 총권 금액 $ 2,000	최소 총권 금액 ₩ 2,440,000	N/A

• Topview 탑뷰 광고와 BTO 브랜드 테이크오버 광고 프리퀀시 1일 최대 5회
• 인피드-원데이 맥스, 브랜드 프리미엄 프리퀀시 1일 1회

틱톡 광고 상품 소개서

먼저 틱톡의 광고 상품 소개서와 단가를 보면 탑뷰, 브랜드 테이크오버 같은 메인 노출형 광고의 가격은 몇천만 원 단위로 매우 높습니다. 그러나 이런 메인 영역의 광고보다는 기본적인 광고인 인피드^{infeed}[05] 광고가 가장 중요합니다. 기본적인 광고의 경쟁력이 있어야 다른 경쟁 채널에 광고를 하는 수많은 광고주들을 뺏어올 수 있기 때문입니다. 그래서 저 역시 인피드 광고부터 일 10만 원, 약 300만 원으로 테스트했습니다.

틱톡 광고 관리자 설정 화면

---

05 사이트 또는 플랫폼의 피드^{feed} 내에 게재되는 광고 형태.

광고주 사이트 세팅만 보면 다른 경쟁 광고들과 거의 비슷합니다. 동영상 상호 작용, 크리에이터 상호 작용 타기팅에서 조금 차별성이 보이나 세팅만으로는 기존 광고들과 비교해 큰 차별성이 없어 보입니다.

생각보다 CTR도 노출도 예상보다 높은 편입니다. 그리고 가장 중요한 CPC가 29원으로 매우 저렴합니다. 이는 신생 광고 채널의 특징입니다. 경쟁 광고 대비 경쟁력을 갖추기 위해서 초반에 저렴한 CPC를 유지하는 경우가 많은데, 틱톡 역시 예상보다 저렴한 CPC를 유지하고 있습니다. 이 정도 CPC라면 네이버, 카카오 등 경쟁 광고들과 비교해도 절대로 뒤지지 않습니다. 이렇게 저렴한 가격 경쟁력은 글로벌 대기업이 아니면 유지하기 어렵죠.

그러나 아직 광고 세팅 면에서 애매한 부분이 있습니다. 일단 타기팅을 하여도 논타기팅과 전혀 차이가 없는 점도 확인되었고 도리어 타기팅 세팅이 논타기팅 세팅보다 더 저렴하면, 타기팅 광고가 전환이 더 떨어지는 매우 드문 경우도 발견했습니다.

그러나 결정적인 광고 효율에 관해서는 충분히 가능성이 있어 보입니다. 가장 직접적으로 경쟁 광고인 페이스북이나 인스타그램 광고와 비교하여 크게 뒤지지 않는 수준이라고 생각합니다. 물론 효율은 회사나 업종의 특성에 따라 다를 수밖에 없지만, 10대~20대 초반이 타깃인 회사에게는 다른 광고 대비 효율이 뒤지지 않는 것으로 보입니다.

틱톡만의 독특한 소재

하지만 다른 광고와의 가장 큰 차이는 결국 광고 소재입니다. 틱톡 광고는 영상 광고(VA)입니다. 기존 SNS 광고들은 대부분 배너 광고(DA)이므로, 광고 소재가 배너 위주였지만 틱톡은 모든 광고 소재가 영상이어야 합니다. 다행히 이미 유튜브 광고를 꽤 많이 접했기 때문에 영상 광고에 어느 정도 적응한 상황이라고 생각했지만 큰 착각이었습니다. 틱톡은 유튜브와 전혀 다른 느낌이어서 기존 유튜브 광고 소재를 수정해서 활용하는 게 거의 불가능했습니다. **숏폼이라는 특성에 맞는 광고 소재가 아니면 급격히 모든 수치가 떨어지는 걸 확인할 수 있었습니다.** 같은 영상 광고라고 하기에는 유튜브와 틱톡은 모든 게 다른 느낌입니다.

유튜브에서 반응이 좋은 광고 영상들은 유명한 모델 활용, 완성도 높은 스토리, 따라하기 좋은 노래, 새로운 아이디어 등으로 조금 길더라도 고객들이 그 광고를 끝까지 보게 하는 힘이 있습니다. 하지만 틱톡은 플랫폼 특성상 조금이라도 영상이 길어지거나 지루하면 효율이 급격히 떨어지는 걸 볼 수 있습니다. 완성도가 높을수록 도리어 효율이 떨어지는 것도 볼 수 있죠. 단순히 기존 영상을 세로형으로 수정한다고 되는 게 아니며 불과 10초가 넘지 않는 대충 만든 영상이 더 효율이 좋은 경우가 계속 발생했습니다. 일부러 대충 만든 느낌의 광고 영상 제작이 어찌 보면 더 어려운 일이지만, 틱톡 특성상 어쩔 수 없는 일입니다.

신규 광고 채널이 기존 광고들과 경쟁하기 위해서는 몇 가지 조건이 있습니다. 먼저 노출입니다. 많은 유저가 사용하지 않으면 안 됩니다. 일단 틱톡은 최근 전 세계 1등 다운로드를 달성했고, 페이스북에 이어서 두 번째로 30억 다운로드를 넘었습니다. 또 유독 다른 나라보다 한국에서 친구 초대 이벤트 금액을 더 키우면서 이미 500만 이상의 유저를 확보했기 때문에 노출은 더 이상 부족하지 않을 것입니다. 다만 아직 연령층이 10~20대 초반으로 어리다는 점이 아쉽지만, 시간이 지남에 따라 더 유행이 된다면 나머지 연령대도 유입이 될 것입니다.

그리고 효율과 가격입니다. 이 두 가지는 결국 그 광고의 CPC와 연결됩니다. 기존 광고 대비 저렴한 CPC를 유지할 수 있어야 경쟁력이 있습니다. 그러나 광고 채널이 저렴한 CPC를 유지한다는 건 사실 쉽지 않습니다. 엄청난 비용이 들어가기 때문에 결국 규모가 큰 회사들이 유리할 수밖에 없습니다. 틱톡은 기존 경쟁사들과 비교해도 뒤지지 않는 자금력을 갖춘 상태입니다. 정말 오랜만에 강력한 신규 광고 채널이 등장했습니다.

틱톡의 기세가 무섭지만, SNS 광고 시장을 10년 넘게 독주하고 있던 페이스북과 인스타그램도 쉽게 물러나지는 않을 것입니다. 그리고 같은 비디오 플랫폼인 유튜브도 여전히 막강합니다. 반대로 틱톡도 최근 3분짜리 비디오를 새로 도입하면서 유튜브의 영역으로 접근하고 있습니다.

페이스북이 2004년에 처음 서비스를 시작한 후 10억 명의 사용자를 돌파한 시점은 2012년이었습니다. 그리고 그해에 인스타그램을 인수했고, 인스타그램이 5억 명의 사용자를 돌파한 시점은 2016년이었습니다. 그리고 역시 같은 해인 2016년, 틱톡이 전 세계로 출시되었고 2021년에 10억 명의 사용자를 돌파했습니다. 하나의 SNS가 정점을 찍을 때쯤 새로운 SNS가 나오는 건 시대의 흐름처럼 보입니다.

마케터가 새로운 플랫폼의 광고에 적응하기란 쉽지 않습니다. 검색 광고에서 배너 광고 그리고 이제는 영상 광고까지 각 광고 특성이 다르지만 그래도 빠른 적응이 필요합니다. 틱톡은 SNS이면서 동영상 플랫폼이고, 동시에 숏폼이다 보니 적응하기 더 어려운 게 사실입니다. 솔직히 틱톡의 숏폼 영상들과 유행하는 챌린지들을 이해하기에는 저 역시 세대가 지난 것 같습니다. 그렇지만 마케터가 꼭 유행의 '전부'를 이해할 필요는 없다고 생각합니다. 그냥 늦지 않게, 빠르게 따라가기만 해도 충분하지 않을까요. 과연 틱톡의 광고가 현재 한국의 막강한 광고들과 비교해 어느 정도 경쟁력이 있을지는 모르겠지만 몇 년 만에 나온 신규 광고 중에 가장 강력한 건 확실합니다. 변화의 흐름에 빠르게 탑승하는 마케터가 결국 시대에 뒤처지지 않을 것입니다.

머신러닝 광고의 희망, 구글 실적 최대화 광고

3 - 6

머신러닝은 과연 희망일까?

머신러닝 광고는 데이터를 기반으로 자동으로 효율을 최적화시켜주는 광고입니다. 머신러닝 모델은 웹사이트 방문 증가나 구매 유도 등과 같이 광고주가 광고에 맞게 설정한 목표를 바탕으로, 특정한 사람이 광고주가 원하는 행동을 할 가능성을 예측하여 추산 행동률을 측정하고 광고를 노출합니다.

과거에는 온라인 광고 세부 설정 등이 매우 복잡하고 어려웠는데 머신러닝은 모든 걸 알아서 설정해주고 노출 영역까지도 자동으로 설정합니다. 그래서 초보 마케터나 소상공인도 쉽게 광고를 운영하고 설정할 수 있게 되었습니다.

그러나 대부분의 머신러닝 광고들은 어떤 식으로 데이터를 활용해서 광고를 최적화시키는지 공개하지 않고, 기존 광고들과 다르게 수동으로 광고를 조정하기 쉽지 않습니다. 그래서 광고를 세팅한 후 최적화될 때까지 기다려야 할 때가 많았습니다. 마케터를 매우 편하게 해주면서도 반대로 실력을 키우기는 어려운 광고입니다.

구글 실적 최대화 광고의 특징

저는 처음에 머신러닝 광고를 크게 신뢰하지 않았고 효율마저 의심했습니다. 그러나 많은 온라인 광고가 머신러닝 광고로 바뀌는 흐름에 맞춰 어쩔 수 없이 진행하고 경험하게 되었습니다. 오랜 기간 여러 머신러닝 광고들을 경험해보니 느낀 것들이 있습니다. 앞서 말했듯 마케터가 수동으로 자주 변화를 주며 광고의 효율을 개선하기 어렵고, 광고비를 급격하게 늘리거나 줄이기도 어려운 것은 물론 똑같은 광고비나 똑같은 광고 소재로도 광고 효율의 변화가 너무 심하다는 사실을 알게 되었습니다. 그래서 무조건 머신러닝을 믿기보다는 끊임없이 실제 효율의 변화를 점검해야 한다고 생각했습니다.

'머신러닝이 안정화되는 최소 기간을 무조건 기다려야 한다! 잦은 수정을 하면 안 된다! 광고 세트의 수를 제한해야 한다! 광고 예산을 자주 바꾸면 안 된다!' 등 머신러닝 광고 측에서 추천하는 방법들이 많습니다. 하지만 이걸 전부 그대로 지킨다고 효율이 무조건 나오는 것도 아니니 마케터 입장에선 난감하고 힘든 게 당연합니다. 또 최근 들어 개인정보 보호 강화 정책으로 인해 고객들의 데이터를 활용하기가 어려워지며 대부분의 머신러닝 광고의 효율이 급격히 떨어지게 되었습니다. 외부 환경의 변화로 머신러닝 광고의 위기인 건 확실합니다. 그런데 이런 시기에 구글에서 머신러닝 광고의 희망을 보여주고 있습니다. 바로 '구글 실적 최대화 광고Google Performance Max'입니다.

구글은 다양한 광고를 보유하고 있습니다. 검색, 디스플레이, 동영상 광고가 가장 대표적이고 그 외 쇼핑, 앱 설치, 디스커버리 광고 등 온라인으로 가능한 거의 모든 광고를 갖고 있습니다. 당연히 구글도 머신러닝 광고를 빠르게 시작했고 '구글 스마트 디스플레이 광고'로 머신러닝 광고를 진행했습니다. 그러나 구글은 스마트 디스플레이 광고를 종료시키고, 대신 실적 최대화 광고로 바꾸는 큰 변화를 모색한 상황입니다.

이 광고는 구글의 모든 서비스에 한 번에 자동으로 노출되는 것이 큰 장점입니다. 기존에는 유튜브, 디스플레이, 검색, 디스커버리 등 구글의 각 서비스에 광고를 하기 위해서 각각의 광고를 운영해야 했는데 이걸 하나의 광고로 전부 노출할 수 있다는 점은 매우 매력적이죠.

구글 실적 최대화 광고 – 캠페인 하나로 구글의 모든 서비스에 도달

구글에서 새로 만든 광고이므로 처음부터 관심을 갖고 소액의 광고비로 여러 번 테스트를 진행했습니다. 이 광고의 특징은 여러 가지 광고 소재를 한 번에 넣어야 합니다. 텍스트, 이미지, 동영상 광고 소재를 동시에 넣어야 합니다. 즉, 이 광고는 종합형 광고에 가깝습니다. 검색 광고(SA), 디스플레이 광고(DA), 영상 광고(VA)를 하나로 합친 느낌입니다.

구글 실적 최대화 광고 애셋 그룹 만들기 - 텍스트, 이미지, 동영상을 한 번에 넣을 수 있다.

이미 구글은 여러 광고에서 반응형 광고 소재를 만들도록 유도하여 최적의 광고 소재를 자동으로 찾아주고 있었는데, 이번에는 아예 구글의 여러 온라인 광고의 소재를 전부 합친 후 조합해 자동으로 최적의 광고 소재를 찾아주고 있습니다.

특히나 가장 놀라운 점은 텍스트와 이미지만 넣으면 자동으로 조합하여 동영상 광고 소재를 만들어줍니다. 기대 이상의 광고 영상이 자동으로 여러 개 제작됩니다. 동영상 광고의 큰 단점은 제작하기가 까다로워 소재를 자주 교체하기가 어렵다는 것인데 이 부분이 크게 보완될 듯합니다. 또한 아직 영상 소스가 없어 동영상 광고를 못하는 회사들이 꽤 많다는 점을 감안하면 자동으로 영상을 만들어주는 건 많은 한계를 뛰어넘게 해줄 것으로 보입니다. 물론 거액의 비용을 들여 만든 영상 대비 부족한 점이 많지만 완성도 높은 광고 영상 하나만 계속 노출하는 것과 자동 제작된 광고 영상 수십 개를 노출하는 것 중, 실제 효율이 어느 쪽이 더 좋을지는 매우 궁금해집니다.

마지막으로 제일 중요한 효율도 다른 경쟁 광고와 비교하여 절대로 뒤지지 않을 것 같습니다. 이 실적 최대화 광고의 효율을 어느 경쟁 광고와 비교해야 적절한지 꽤 고민이었습니다. 검색, 디스플레이, 동영상 전부를 포함한 광고이다 보니 기존의 기준으로는 이 광고를 직접 비교하기가 매우 어렵습니다. 네이버 검색 광고, 카카오톡 디스플레이 광고, 메타 광고, 틱톡 광고 중에서 어느 광고와 CPC, 노출, 전환 등을 비교해야 할지 많이 애매한 상황입니다. 아직까지는 그 어떤 광고와 비교해도 효율은 높은 편입니다.

머신러닝 광고 중 가장 성공한 광고 사례는 메타(페이스북) 광고였습니다. 메타 광고는 노출될 때마다 게재 시스템이 자동으로 타기팅에 적합한 대상을 찾았고, 광고를 노출하기에 적절한 시간대, 노출 위치까지 자동으로 파악하면서 엄청난 효율이 나오는 광고로 성장했습니다. 그러나 개인정보 보호 강화 정책으로 인해 가장 큰 타격을 입은 광고가 되어버렸습니다.

그리고 한국에서도 메타, 구글에 개인정보 불법 수집을 했다고 약 1000억의 과징금이 부과되는 등 고객 데이터를 활용하는 머신러닝 광고는 점점 효율을 내기 어려워지고 있습니다. 실제로 마케터와 광고주들은 머신러닝 광고를 점점 떠나고 있고, 이는 즉시 광고들의 매출 하락으로 이어집니다.

자동화가 불러온 위기와 기회

그런데 이런 시기에 구글이 머신러닝 광고를 다시 키우고 있습니다. 구글은 검색 광고가 굳건히 버티고 있어 메타의 하락과 반대로 전체 광고 매출이 늘어난 상황인데도, 여기서 실적 최대화 머신러닝 광고로 매출을 더해 경쟁사를 확실하게 이기려는 의도인 것으로 보입니다. 과연 고객의 개인정보를 활용하기 힘든 이런 상황에서 머신러닝 광고 효율을 어떻게 끌어올리고, 어느 정도의 광고 매출을 낼지 모두 주목하고 있습니다. 이는 전체 온라인 광고 시장에 매우 큰 영향을 줄 것으로 보입니다.

머신러닝 광고가 처음 나온 지 꽤 오랜 시간이 지났습니다. 장기간에 걸쳐 머신러닝들은 고도화되었고 엄청난 성장을 했습니다. 시간이 지남에 따라 머신러닝 광고들이 마케터의 설 곳을 사라지게 하는 게 아니라 효율을 키워 준다는 걸 알게 되었고, 서로 협력하여 큰 성장을 이뤘습니다. 그러나 고객의 데이터들을 쉽게 활용하지 못하게 되면서 위기가 도래했습니다. 하지만 이 위기도 시간이 지나면 해결 방법이 나올 것입니다. 개인정보를 불법으로 활용하는 게 아니라 기술적인 방법을 어떻게든 찾을 것입니다.

이런 상황에서 마케터가 알아야 하는 건 머신러닝의 복잡한 수학적 모델이나 알고리즘이 아닙니다. 머신러닝 광고를 어떻게 활용해야 더 좋은 효율이 나올지 고민하고, 구체적인 목표를 설정하고, 예산의 기준을 세우고, **여러 머신러닝 광고 중 어떤 광고가 현재 가장 효율이 좋은지 분석하고 최종 선택**하는 등 오직 마케터만이 할 수 있는 역할을 찾고 강화시켜야 합니다.

앞으로 머신러닝 관련 기술은 더 고도화되고 모든 광고가 점점 자동화될 것으로 예상합니다. 그럼에도 불구하고 마케터의 역할은 절대로 사라지지 않을 것입니다. 결국 **모든 온라인 광고의 처음과 끝에는 마케터가 필요**하고 이 사실은 아무리 시간이 지나도 쉽게 변하지 않을 것입니다.

한국 온라인 광고의
시작과 끝

우리나라의 대표적인 플랫폼

한국 온라인 광고 시장에서 네이버는 카카오와 더불어 시작과 끝을 차지하고 있다고 해도 과언이 아닙니다. 오랜 기간 전 세계에서 압도적인 광고 점유율을 가지고 있는 구글과 메타를 상대로 끊임없이 경쟁하며 한국을 지키고 있는 유일한 온라인 광고 플랫폼입니다.

네이버는 온라인 광고에서 중요한 노출, 클릭, 효율, 광고 시스템, 광고 교육, 대행사 관리 등 어느 것 하나 약점을 찾기 힘든 광고 채널이기도 합니다. 네이버의 대표적인 광고들에 대해 설명하고 각 광고의 장점, 단점, 그리고 예산 등을 소개하겠습니다.

네이버 검색 광고

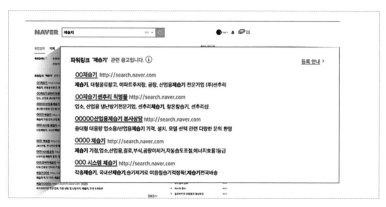

네이버 검색 광고 화면

현재의 네이버를 지탱하고 있는, 가장 막강한 광고인 검색 광고입니다. 최근에는 검색 광고 전체가 DA, VA 등 다른 유행하는 광고에 비해 많이 줄어들고 있다고는 하지만, 여전히 네이버 검색 광고는 노출, 효율 부분에서 최고의 자리를 차지하고 있습니다. 한국 온라인 광고 시장에서 스테디셀러와 같죠.

현재 한국의 온라인 광고 중 효율만큼은 최고라고 봐도 무방합니다. 아무리 배너 광고와 동영상 광고가 타기팅을 세분화해도, 고객이 직접 검색어를 입력해서 보는 검색 광고는 특성상 효율이 높을 수밖에 없습니다. 검색 광고가 네이버에만 있는 건 아닙니다. 하지만 다음, 네이트 등의 유저가 줄면서 클릭 수 자체가 줄어들었고, 구글 검색 광고는 구글 정책상 검색 광고 영역이 매우 적습니다. 그래서 한국에서 노출과 클릭 수가 보장된 검색 광고는 네이버가 거의 유일무이합니다.

그 외 장점은 한국에서 운영할 수 있는 온라인 광고 중 광고 시스템(광고주

관리 사이트)이 가장 빠르고 친절합니다. 이게 도대체 무슨 장점이냐고 반문할 수 있지만, 해외 광고 시스템들은 느리고 불친절할 때가 매우 많습니다. 일단 광고 관리 사이트가 느리고, 광고 심사도 느리고, 내 돈 내고 광고를 하는데 광고비 충전조차도 불편할 때가 많습니다. 그런데 네이버는 한국의 광고주와 마케터들이 원하는 걸 알고 있습니다. 빠르고, 편하고, 간단한 가장 한국적인 광고 시스템입니다. 광고를 처음 하는 분도 매우 쉽게 온라인 광고를 경험해볼 수 있습니다.

그러나 당연히 단점도 존재합니다. 가장 큰 단점은 '비용'입니다. 이 단점은 온라인 광고에서는 매우 치명적입니다. 전체적으로 CPC가 매우 높은 편입니다. 경쟁이 치열한 업종은 메인 키워드가 클릭 하나당 5000원에서 1만 원이 넘기도 합니다. 1번 클릭에 1만 원이면 100명이 클릭하면 100만 원이고, 전환율을 생각했을 때 엄청나게 비싼 광고가 될 수밖에 없습니다. 이 정도 단가면 광고비 대비 효율이 나오기 어렵습니다. 그래서 이 광고를 처음 하는 분들은 비싼 CPC를 감당 못하기도 합니다. 비용을 쓸수록 손실인 것입니다.

그러나 키워드를 많이 늘리고, 순위 관리를 통해 평균 CPC를 낮출 수 있기 때문에 일정 광고비(월 최소 300만 원)가 넘어가거나, 실력 있는 마케터에게는 큰 단점이 아닙니다. 요즘 유행하는 머신러닝 광고와 다르게 **마케터의 실력에 따라 효율이 확실하게 차이가 나는 광고**이기 때문이죠. 본인이 노력한 만큼 효율이 나오는 정직한 광고라고 생각합니다.

그리고 또 다른 단점은 순위 관리가 매우 어렵다는 점입니다. 검색 광고는 순위 관리가 매우 중요합니다. 이 부분은 아무리 자동 입찰 등 여러 가지 프로그램을 써도 마케터의 관리에 따라서 효율 차이가 매우 커집니다. 다른 광고들은 알고리즘, 머신러닝 등 다양하고 새로운 기능들이 계속 생기고 있지만 검색 광고는 특성상 아직은 자동화가 힘듭니다. 이 부분 때문에 최근 유행에서 벗어난 옛날 광고라는 느낌이 있습니다.

그러나 이런 단점에도 불구하고, 네이버 검색 광고는 광고에서 가장 중요한 '광고비 대비 효율(매출)이 좋다!'라는 장점 때문에 여전히 한국에서는 가장 많이 이용하는 기본적인 온라인 광고입니다.

검색 광고도 세분화되어 있지만 대부분 키워드 검색 광고이고, 최근에는 쇼핑 검색 영역이 확장되면서 상품을 판매하는 소상공인 및 작은 회사들이 주로 광고를 합니다. 스마트스토어를 운영하는 분들은 이 광고를 많이 이용하고 있습니다. 그 외 지역 소상공인 광고(플레이스 유형)가 있습니다. 이건 오프라인 매장을 갖고 있는 소상공인들이 하기에 좋습니다.

네이버 검색 광고는 저 역시 가장 오래, 현재도 매일 진행하고 있는 광고입니다. 워낙 광고에 관한 자료도 많고, 대행사도 많으니 꼭 한 번이라도 진행을 검토하는 걸 추천드립니다.

- 장점: 효율이 높다. 기간에 상관없이 꾸준하고 안정적인 노출과 클릭률이 보장된다. 시간을 투자한 만큼 효율이 나온다.
- 단점: 비싸다. 광고 운영이 조금 어렵다. 광고를 운영하는 마케터에 따라 효율이 극명하게 차이가 난다. 순위 경쟁이 치열하다.
- 추천하는 업종/회사: 의류, 식품, 보험, 대출, 중고차, 숙박 등 한국에 존재하는 업종이라면 대부분 가능하다. 심지어 19금 상품도 가능하다.
- 추천하는 예산: 월 30만 원이라는 적은 비용으로도 충분히 시작할 수 있다. 그러나 추천하는 시작 예산은 100~300만 원으로, 효율을 확인 후 점진적으로 예산을 증대시키는 걸 추천한다.
- 개인적인 의견: 만약 한국에서 온라인 광고를 처음 한다면 가장 먼저 추천하는 광고다. 그

러나 CPC가 높다 보니 짧게 하는 것보다는 최소 몇 달 이상 꾸준히 해야 효과가 나온다. 그리고 상품 가격대가 높은 경우는 진행이 수월하나 가격대가 낮은 상품은 진행 시 손실을 가져올 수 있다.

네이버 보장형 디스플레이 광고

네이버 디스플레이 광고는 일반 고객, 즉 전 국민이 가장 보기 쉬운 광고입니다. 다음 예시는 네이버 홈페이지 메인 타임보드입니다. 이 자리는 메인 시간대에는 한 시간 노출이 약 3000만 원입니다. 가격대가 높아 보통 대기업이나 게임 회사, 월 광고 예산이 5억이 넘어가는 대형 광고주들이 주로 진행합니다.

네이버 홈페이지 메인 타임보드 광고

타임보드의 시간 대비 노출은 정말 압도적입니다. 대기업이나 게임 회사같이 짧은 시간 안에 큰 이벤트를 하거나, 대형 광고주들을 위한 광고에 가깝습니다. 전 국민을 상대로 브랜드 인지도를 쌓기에는 이만한 광고는 없다는 생각이 듭니다. 광고 예산이 넉넉하다면 그리고 상품에 자신이 있다면 검토해볼 만한 광고입니다.

메인 화면 외에도 다양한 영역이 있지만 초기 광고비가 대부분 비쌉니다. 그러나 네이버에서 제공하는 광고 단가표를 보면 예산이 조금 적어도 한번 테스트해볼 만한 곳도 발견할 수 있습니다. 주기적으로 확인하는 게 좋습니다. 너무 비싸다고 아예 고개를 돌려버리지 말고, 예산에 맞춰 테스트할 만한 곳이 있는지 주기적으로 검토해보는 걸 추천합니다. 저도 가끔 적당한 가격대의 광고를 테스트하며 의외의 효율이 나온 적이 여러 번 있습니다.

디바이스 구분	서비스	상품명	판매유닛/유닛그룹 명	과금방식	잔행기간	노출시간대	기본 공시단가
PC	메인	타임보드	P_메인_타임보드 (신)	CPT (1시간)		평일 10-11시	26,000,000
PC	메인	타임보드	P_메인_타임보드 (신)	CPT (1시간)		평일 11-12시	24,000,000
PC	메인	롤링보드 CPT	P_메인_롤링보드_CPT (신)	CPT (1시간)		평일 09-10시	23,000,000
PC	메인	롤링보드 CPT	P_메인_롤링보드_CPT (신)	CPT (1시간)		평일 10-11시	26,000,000
MO	메인	스페셜DA	M_메인_통합_스페셜DA(신)	CPT (2시간)		평일 06-08시	31,000,000
MO	메인	스페셜DA	M_메인_통합_스페셜DA(신)	CPT (2시간)		평일 08-10시	45,000,000
MO	메인	풀스크린DA	M_메인_풀스크린	CPT(1일간)			20,000,000
MO	메인	헤드라인DA	M_메인_헤드라인DA	CPT(2시간)		08-24시 (2시간)	40,000,000
MO	메인	브랜딩DA	M_메인_브랜딩DA(330)	CPM			5,000
MO	메인	브랜딩DA	M_메인_브랜딩DA(420)	CPM			6,000
MO	메인	브랜딩DA 아웃스트림	M_메인_브랜딩DA_아웃스트림	CPM			6,500
MO	메인	풀스크린DA 스마트채널	M_메인_풀스크린DA_스마트채널	CPT(1시간)		10-24시 (1시간)	20,000,000
MO	메인	스마트채널	M_메인_스마트채널	CPM			3,000
MO	메인 (주제판)	쇼룸판 스마트채널	M_메인_쇼룸_스마트채널	CPT (1일간)			2,500,000
MO	메인 (주제판)	쇼룸판 브랜딩DA	M_메인_쇼룸_브랜딩DA	CPT (1주간)			3,000,000
MO	메인 (주제판)	게시판 스폰서십	M_메인_게시판_스폰서십	CPT (1주간)			10,000,000
PC	통합	P통합 우측배너	P_통합_우측배너_뉴스/스포츠/연예	CPM			1,000
MO	통합	통합 DA	M_통합_DA	CPM			2,700
MO	통합	M통합 아웃스트림	M_통합_아웃스트림	CPM			3,510
MO	통합	M통합 네이티브DA	M_통합_네이티브DA	CPM			2,700
PC+MO	통합	오퍼애드	PN_통합_오퍼애드(신)	CPT			12,000,000
MO	뉴스	N뉴스 본문중간	M_뉴스_본문중간DA	CPM			4,000
PC+MO	스포츠	생중계 패키지	종목별	CPT (1경기)			N/A
MO	날씨	날씨 브랜딩DA	M_날씨_브랜딩DA	CPT (1주간)	~2024.1.11		4,000,000
MO	날씨	날씨 브랜딩DA	M_날씨_브랜딩DA	CPT (1주간)	2024.1.12~		5,000,000
PC+MO	금융	금융 통합DA	PN_금융_통합DA	CPT (1주간)			12,000,000
MO	부동산	부동산DA	M_부동산_DA	CPT (1주간)			5,000,000

2024년 4월 기준 네이버 DA 광고 단가표

- 장점: 단시간 내 노출 및 클릭이 매우 높다. 신제품 출시, 대형 이벤트 등을 할 때 단기간 최대 방문자를 늘려준다.
- 단점: 초기 진행 비용이 비싸다. 대부분 CPT, CPM 방식이라서 무조건 일정 금액의 광고

비를 진행해야 한다. 중간에 효율이 없을 때 CPC 방식처럼 쉽게 중지할 수 없다. 실패 시 광고비 손실이 클 수 있다.

- 추천하는 업종/회사: 업종 구분보다는 광고 노출이 매출로 직결될 수 있는 상품을 보유한 회사.
- 추천하는 예산: 최소 2000만 원 이상. (여러 번 테스트할 수 있는 6000만 원 이상 권장)
- 개인적인 의견: 광고 비용이 워낙 높지만 노출만 되면 무조건 매출이나 회원가입 전환 가능성이 보이고, 다른 광고 테스트로 상품 경쟁력이 확인되었다면 한번 도전해볼 만한 광고. 하지만 예산이 여유롭지 않고 준비가 안 된 상태라면 비용 손실이 매우 클 수 있다.

네이버 성과형 디스플레이 광고

네이버 DA 광고는 원래 초기 진행 광고비가 높아 대형 광고주들만을 위한 광고였습니다. 하지만 저렴한 CPC 방식으로도 진행이 가능한 성과형 디스플레이 광고도 있습니다.

기존 네이버 DA 영역을 CPC 방식으로 바꿔 더 많은 소액 광고주들이 쉽게 시작할 수 있는 광고라고 보면 됩니다. 원래 네이버는 다른 광고 채널들과 다르게 DA 광고에 관해서는 매우 보수적인 정책을 유지했습니다. 검색 광고가 수많은 소액 광고주들을 위한 광고라면 디스플레이 광고는 대형 광고주들을 위한 광고로 양분화한 느낌이었죠. 그러나 구글, 카카오 등이 DA 영역을 CPC 방식으로 바꿔 소액 광고주들에게도 영역을 개방하고 그쪽으로 광고주들이 몰리게 되자 결국 네이버도 CPC 방식으로 바꿨습니다.

성과형 디스플레이 광고

성과형 디스플레이 광고는 세밀한 타겟팅 설정과 실시간 입찰을 통해 네이버 프리미엄 지면에서
잠재고객이 나의 비즈니스로 유입될 수 있도록 하는 디스플레이 광고입니다.

연령, 지역, 관심사 등
세밀한 타겟팅

네이버 모바일 메인,
서브 지면과 밴드 동시 집행

배너, 동영상, 네이티브 이미지 등
다채로운 메시지 유형

실시간 입찰로
광고 성과 콘트롤

네이버 성과형 디스플레이 광고 설명

여러 번 테스트해본 결과 검색 광고처럼 적은 예산으로도 충분히 운영이 가능했습니다. 따라서 운영만 잘한다면 충분히 소액 광고주들도 성과를 낼 수 있는 광고 채널로 판단됩니다.

- 장점: 네이버 메인 영역에 CPC로 노출할 수 있다. 소액으로도 진행이 가능하다.

- 단점: 다른 디스플레이 광고에 비해 CPC가 높은 편이다.

- 추천하는 업종/회사: 다른 광고에서 충분히 광고비 대비 효율이 나왔던 회사라면 한번 테스트해볼 만한 광고다.

- 추천하는 예산: 월 최소 30~200만 원 사이에서 가볍게 테스트해보는 걸 추천한다.

- 개인적인 의견: 온라인 광고에서 중요한 부분인 노출 영역이 매우 좋다. 당장 효율이 나오지 않더라도 무시하지 말고 지속적으로 관심을 가져야 할 광고다.

지금까지 네이버 광고의 종류와 특징 등을 소개해봤습니다. 추가로 카카오, 다음 등 다른 광고 플랫폼도 간단히 살펴보겠습니다.

카카오와 기타 광고

- 카카오 비즈보드 광고
- 카카오 디스플레이 광고
- 키워드 광고
- 동영상 광고
- 다음 쇼핑 광고

카카오가 가지고 있는 광고는 대부분 네이버와 비슷합니다. 그러나 단 하나, 카카오톡 비즈보드 광고는 네이버와 다른 특징을 갖고 있습니다. 네이버도 라인LINE, 밴드BAND와 같은 메신저가 있지만 카카오톡이 한국 메신저 시장을 독점하면서 카카오톡에 노출되는 광고는 카카오의 주요 광고로 자리잡고 있습니다.

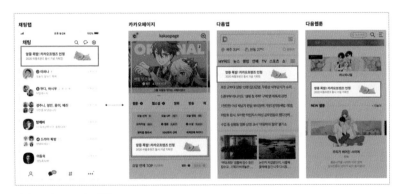

카카오톡 비즈보드 광고 영역

솔직히 이 광고가 나오기 전에는 걱정이 많았습니다. 일단 메신저에 광고 영역이 있는 케이스가 많지 않았고 너무 작은 배너 크기, 국민 메신저 성격이 강해 사용자들의 반발이 매우 심한 경향도 있어 과연 기존 광고들과 비교해 효율이 나올지 걱정이 앞섰습니다.

그러나 카카오가 초반에 매우 공격적으로 CPC를 낮게 시작하고 실제 광고를 본 사용자들의 반응도 좋았습니다. 그래서 최근 몇 년 새 나온 신규 모바일 배너 광고 중에 가장 빠르게 시장에 안착했습니다. 기존의 배너 광고들과는 전혀 다른 노출 영역이라서 확실히 온라인 광고 시장에 새로운 활력을 주고 있습니다.

전 세계 온라인 광고 시장은 대부분 글로벌 대기업이 차지하고 있습니다. 자국 온라인 광고가 점유율이 높은 나라는 몇 개 되지 않는데 그중에 한국이 포함되어 있습니다. 그러나 최근 들어 검색 시장에서 구글의 점유율이 점점 높아지고 있고 동영상 플랫폼은 유튜브, 숏폼은 틱톡, 릴스, 쇼츠의 성장이 매섭습니다. 네이버와 카카오의 위기라는 목소리가 점점 커지고 있습니다. 하지만 이 두 회사는 언제나 이런 위기를 이겨냈고 앞으로도 이겨낼 수 있을 것이라 믿고 있습니다.

당근마켓 전문가모드 광고의 가능성과 한계

브랜드 가치 유지와 이익 창출의 사이

당근마켓은 누가 봐도 대단한 성과를 낸 스타트업입니다. 2015년 출시 후 현 시점 누적 가입자 수가 3000만 명이 넘고 월간 사용자 수(MAU)가 1800만명이나 되는, 전 국민이 사용하는 앱이 되었죠. 그러나 아무리 많은 사용자가 이용하더라도 무료 서비스의 한계로 인해 지속적인 적자에 놓인 상황이었습니다. 하지만 수많은 사용자가 있는 플랫폼은 언제든 다양한 방법으로 매출을 올릴 수 있습니다. 그중 가장 확실한 방법은 당연히 광고입니다. 이미 구글, 메타, 네이버, 카카오가 무료 서비스로 많은 사용자를 모은 후 광고를 적용하기 시작해 엄청난 매출을 올릴 수 있음을 증명했고 이제는 당근마켓도 그 단계로 나아가고 있습니다.

전문가모드 광고 테스트 결과

서비스의 본질을 유지하는 것과 당장의 매출을 선택하는 것 중에서 당근마켓은 서비스의 본질을 선택하는 매우 어려운 결정을 했습니다. 이런 상황에서 출시한 당근마켓 전문가모드 광고가 어떤 광고인지, 어느 정도 효율이 나올지, 경쟁 광고들에 비해 어떤 장점이 있는지 마케터로서 매우 궁금했습니다. 빠르게 소액의 광고비로 여러 번 테스트해봤습니다.

당근마켓 전문가모드 광고 설정 화면

당근마켓 전문가모드 광고의 가장 큰 특징은 '아웃링크'의 허용입니다. 기존의 간편모드 광고가 지역 기반의 소상공인을 대상으로 하는 한정적인 광고였다면 이 광고는 클릭 후 외부 연결을 허용했습니다. 그래서 회사들이 큰 금액의 비용을 사용하는 게 가능해졌습니다. MAU가 1800만 명이나 되기 때문에 노출은 경쟁 광고에 비해 크게 부족하지 않습니다. 게다가 특정 지역이나 특정 나이대만 주로 사용하는 플랫폼이 아니라서 업종, 서비스, 상품과 관계없이 수많은 회사가 광고를 진행해도 상관이 없죠.

아직은 DA 광고만 가능하고 검색 광고는 준비 중입니다. 경쟁 상대로는 카카오 DA, 네이버 DA, 구글 DA 등 너무나 막강한 플랫폼들과 비교가 될 수밖에 없습니다. 일단 광고 세팅에서 지역, 성별, 연령 구분은 다른 광고들과 큰 차별성은 없어 보이는데 관심사 타겟이 유독 관심을 끌었습니다. 다른 광고들도 당연히 관심사 타겟이 있지만 당근마켓은 사용자 체류 시간이 월 평균 2시간 2분으로 매우 높은 편입니다. 이 체류 시간 데이터를 바탕으로 적절한 타겟만 구분해준다면 다른 광고에 비해 높은 효율은 물론 경쟁력도 가질 것입니다. 다만 아직 관심사 타겟은 베타 상태로 내부적으로 끊임없이 적절한 타겟을 구분하고 개선 작업을 하는 상황으로 보입니다.

당근 마켓 관심사 타겟 설정

그리고 개인적으로 온라인 광고에서 가장 중요하다고 생각하는 CPC는 기본 200원으로 정해졌습니다. 다른 경쟁 DA 광고와 비교해도 충분히 경쟁력 있는 가격입니다. 전문가모드 광고가 나온다고 할 때 가장 궁금하면서도 가장 걱정했던 건 기본 CPC였습니다. 본격적인 광고는 처음인 당근마켓이 욕심을 내서 높은 CPC를 책정하면 냉정한 광고주들과 마케터들은 이 광고를 여러 번 테스트하기보다는 기존에 진행하는 익숙한 광고로 돌아가게 됩니다. 특히나 배너 광고는 과거 몇 년간 한국에서 네이버, 카카오, 구글을 상대로 경쟁해서 제대로 살아남은 광고가 몇 개 되지 않습니다.

그러나 당근마켓도 이 부분은 많이 고민하고 준비한 것으로 보입니다. 처음부터 큰 욕심을 부리지 않고 기본 CPC 200원으로 충분히 노출해주면서 클릭률까지 제법 나오게 하고 있습니다. 아직 초반이라서 경쟁이 심하지 않아 무리하게 CPC를 올리지 않아도 충분히 노출 및 클릭률이 보장되는 걸 확인할 수 있었습니다.

마케터들은 처음에는 적은 광고비를 사용해도 효율만 나오는 게 확인되면 비용을 크게 늘리기 시작합니다. 경쟁으로 인해 CPC가 점점 올라가더라도 광고를 쉽게 멈추는 광고주나 마케터는 없습니다. 그러나 대부분의 신규 플랫폼 광고는 초반에 자신들의 경쟁력을 과대평가하여 대형 플랫폼 광고들과 비슷한 CPC를 유지하다가 광고 시장에서 사라집니다. 현재 한국에서 네이버, 카카오, 구글 광고와 비교해 노출량이나 광고 전환 효율이 높지도 않고, 타기팅이 정확하지도 않고, 사용자 신뢰도가 높지도 않으면서 비슷한 CPM, CPC를 유지한다면 스스로의 경쟁력을 포기하는 것이나 마찬가지입니다.

신규 플랫폼 광고가 빠르게 광고 시장에 자리를 잡기 위해서는 대형 광고주

소수보다는 소형 광고주 다수가 있는 게 유리합니다. 일단 처음에는 경쟁 광고보다 조금 저렴한 CPC를 유지하면서 광고주나 마케터들이 여러 번 테스트하게 만들면서 효율이 나오는 광고 소재나 세팅을 찾을 시간을 줘야 합니다. 다행히 당근마켓은 중요한 부분을 놓치지 않은 덕에 순항 중입니다.

실제 여러 가지 세팅으로 20개 이상의 다양한 소재로 테스트해본 결과, 당근마켓 전문가모드 광고는 배너 광고로서 노출과 클릭도 충분하고, 전환 효율도 좋게 나오는 편입니다. 효율은 기대 이상이라고 봐야 할 것 같습니다. 다만 연령층과 관심사 세팅에 따라서 광고 효율 차이가 매우 컸습니다. 이 부분은 여러 테스트를 통해 당근마켓 사용자들이 원하는 광고 소재나 세팅을 많이 고민해야 할 것 같습니다.

그리고 DA 광고로서는 약점일 수도 있는 점은 배너 영역이 너무 작습니다. 영역이 작으니 특색있는 배너를 만들기가 어렵습니다. 다만 이건 마케터나 광고주의 입장에서의 불만이고, 사용자 입장에서는 내가 사용하는 서비스가 광고로 채워지길 원치 않으므로 충분히 당근마켓이 이런 결정을 한 이유가 이해가 됩니다.

DA 광고이지만 배너가 너무 작은 게 단점

다만 배너가 작아 사용자들이 광고인 줄 모르고 클릭을 하는 경우가 생기고, 이렇게 되면 광고 효율은 떨어지므로 차라리 아예 더 확실하게 광고 영역을 구분하여 광고 효율을 높이는 것도 좋았을 것 같습니다. 아마 추후 당근마켓이 내부적으로 많은 논의를 한 후, 적절한 광고 영역이나 배너 크기 조정을 할 것이라 예상합니다.

그 외 광고 보고서, 광고비 충전 등 여러 부분에서 아직은 부족한 점들이 보이기는 하지만 큰 문제가 될 것 같지는 않습니다. 모든 게 다 부족해도 마지막에 광고의 실제 효율이 좋기만 하다면 전혀 문제가 되지 않습니다.

당근마켓 비지니스 광고 배너

개인적으로는 충분히 가능성이 보이는 DA 광고라고 생각했습니다. 그러나 과연 '이미 진행하고 있는 DA 광고들을 대신할 수 있을까?'라는 질문에는 아직은 시기상조라는 냉정한 판단을 할 수밖에 없었습니다.

카카오, 네이버 대비 광고 효율이 아주 뛰어나거나 압도적인 점유율이나 노출률을 가지고 있지 못하고, 구글에 비해서는 광고 자동화가 부족합니다. 한국 온라인 광고들의 공통적인 약점은 마케터 역량에 따라 광고 효율 차이가 너무 크다는 점입니다. 구글은 광고 소재, 노출 영역, 타기팅을 점점 자동화시키면서 광고를 처음 시작하는 초보자에게도 효율이 나올 수 있는 방법을 계속 찾아주고 있고 이 차이는 점점 벌어지고 있습니다. 당근마켓 광고를 통해 처음부터 큰 효율이 나올 수도 있겠지만 만약 효율이 안 나온다면 어떤 식으로 올릴 방법을 찾아줄지에 대한 많은 고민이 필요해 보입니다.

당근마켓이 선택해야 할 것들

디스플레이 광고의 가능성은 보이지만 한계도 보이므로, 아직은 조금 더 지켜봐야 한다는 생각입니다. 하지만 당근마켓에서 준비 중인 검색 광고는 충분히 경쟁력을 가질 수 있을 것 같습니다. 검색 광고는 타기팅의 자동화나 소재의 영향을 크게 받지 않기 때문에, 그저 사용자들의 검색에 따른 노출 위치 그리고 CPC만 적당하다면 광고로서의 경쟁력을 가지게 됩니다. 당근마켓은 사용자들이 직접 원하는 상품을 많이 검색하므로 검색 광고가 가장 어울리는 플랫폼이 아닐까 합니다.

업데이트 예정인 당근마켓 검색 광고

현재 한국에서 검색 광고는 네이버와 구글이 거의 대부분을 차지하고 있습니다. 검색 광고는 사용자들이 검색을 많이 해야만 나올 수 있는 광고라 디스플레이 광고와 다르게 쉽게 만들 수가 없고, 광고 특성상 효율은 온라인 광고 중에서 최고지만 노출은 적고 반대로 CPC는 가장 높은 광고입니다. 만약 여기서 당근마켓 검색 광고가 적당한 노출과 효율, 그리고 적당한 CPC만 유지할 수 있다면 엄청난 경쟁력을 가진 광고가 되리라 예상합니다.

그러나 중고 상품을 찾는 사용자들에게 신상품을 광고했을 때 서비스 본질이 흔들릴 수 있고, 과연 어느 정도여야 거부감 없이 사용자의 만족도를 높일 수 있을지 많은 고민이 필요합니다. 그래서 아마 DA 광고를 먼저 시작하고 검색 광고는 계속 준비 중인 것으로 보입니다. 과연 어떤 식으로 당근마켓만의 검색 광고가 나올지 매우 기대되는 상황입니다.

당근마켓은 자원 재사용을 추구하는 '중고거래', 같은 지역에 거주하는 이웃끼리 유용한 지역 정보나 소소한 일상을 공유하는 '동네생활', 동네 다양한 가게 정보를 모아 손쉽게 찾을 수 있도록 도와주는 '내 근처' 등 대표 서비스 대부분을 무료로 제공했습니다. **본인들이 추구하는 가치를 오랜 기간 지키면서도 유니콘으로 성장한 보기 드문 스타트업입니다.**

그러나 점점 늘어나는 사용자 대비 수익 모델이 없다 보니 적자폭이 커지고 있습니다. 일부 사용자들의 불만과 이탈을 감안하더라도 당장 중고 거래에 수수료만 적용해도 큰 매출을 낼 수 있었고, 그 외 다양한 방법으로 더 쉽게 수익을 낼 수 있었음에도 당근마켓은 자신들의 본질을 쉽게 버리지 않았습니다.

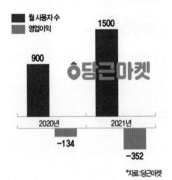

늘어나는 월 사용자 수, 적자폭은 확대
(단위: 만명, 억원)

■ 월 사용자 수
■ 영업이익

적자가 커지고 있는 당근마켓

하지만 최근 세계적으로 경제적 불확실성이 커지면서 이제는 이익이 나는 매출이 필수인 상황이 되었고, 당근마켓도 그걸 증명해야 하는 시점이 왔습니다. 많은 사용자를 대상으로 다양한 수익 모델을 찾는 중이지만 안정적인 큰 매출을 올리기 위해서는 광고가 가장 주요할 수밖에 없습니다. 대부분의 플랫폼은 광고로 인한 매출이 가장 큽니다. 그러나 지나친 광고로 인해 무너진 플랫폼들도 많았습니다. 서비스의 본질을 지키면서 광고 운영을 하는 건 정말 어려운 일입니다.

당근마켓이 과연 본인들의 가치와 이미지를 지키면서도 사용자와 광고주 양쪽 모두 만족할 만한 광고를 만들 수 있을지 궁금해집니다. 지켜봐야겠지만, 지금까지의 당근마켓이라면 해낼 수 있을 것이라 기대하고 있습니다.

TV 광고를 통해
얻은 것과 잃은 것

방문자와 검색량을 늘리는 최고의 광고

TV 광고는 매우 비싼 광고입니다. 모델비, 제작비, 그리고 노출 비용까지 생각하면 그 어떤 광고보다 많은 비용이 필요하기에 예전에는 대기업, 업종을 대표하는 상품을 가지고 있는 회사들만 주로 진행했습니다. 그러나 최근 들어 수많은 스타트업이 앞다투어 TV 광고를 진행하고 있습니다. 온라인 광고로 시작해 광고비를 지속적으로 늘려 성장한 후, 서비스나 상품에 자신감이 생겼거나 성장이 조금 정체될 때, 또는 투자를 받은 후 과감하게 TV 광고에 도전하는 스타트업이 예전보다 매우 늘었습니다. 비교적 규모가 작은 회사에게도 TV 광고는 너무 먼 대상이 아닌 한 번 정도 시도해볼 만한 위치로 내려온 느낌입니다. 이런 시기에 마침 TV 광고의 효율 분석을 할 기회가 생겼습니다. 그래서 도대체 효율 분석을 어떻게 해야 할지 깊은 고민을 하게 되었죠.

TV 광고는 비용이 많이 든다는 부분 외에도 효율 분석이 어렵다는 단점이 있습니다. 막상 진행한 후에도 어느 정도 효율이 나왔는지 정확하게 측정하기 애매한 상황이 많죠. 보통은 GRP$^{Gross\ Rating\ Point}$(총 시청률), 광고 호감도 등으로 분석하지만 온라인 광고에 비해 직접적인 전환 효율을 확인하기 어렵습니다. 왜냐하면 TV 광고는 정확히 몇 명이 봤는지, 또 광고를 통해 바로 클릭이 발생하는 게 아니라 노출 후 고객들의 별도 행동으로 전환이 발생하기 때문입니다. 때문에 간접적으로 분석을 할 수밖에 없습니다. CPC 방식의 온라인 마케팅만 진행하던 마케터라면 CPT 방식의 오프라인 광고의 진행과 효율 분석은 매우 낯설 수밖에 없습니다.

다각도 관점의 효율 분석

저 역시 온라인 마케팅으로 시작해서 오프라인 광고를 진행하고 분석하는 게 매우 어려웠습니다. 그래서 몇 년 전에 일부러 TV 광고로 엄청난 성공을 거둔 회사로 이직했습니다. 그 후 TV, 라디오, 지면, 옥외 등 여러 오프라인 광고의 진행 방식, 비용, 운영하는 방법 등에 대해 경험할 수 있었지만, 효율 분석에 관해서는 기존 방식 말고 새로운 것을 생각하지 못했습니다. 결국 온라인 광고에 비해 오프라인 광고는 효율 분석이 애매하다는 생각만 강화되었습니다.

그 이후에도 분석이 어렵다는 핑계와 더불어 광고 시장이 온라인으로 이동하는 상황이므로 효율 분석을 제대로 해볼 시도조차 안 했습니다. 필요할 때만 광고를 진행하곤 했습니다. 실제로 온라인 광고가 생긴 후 오프라인 광고 규모는 축소되었습니다. 따라서 많은 광고주와 회사는 오프라인 광고에 쓰던 광고비를 온라인 광고에 쓰기 시작했습니다. 오프라인 광고가 줄어든 데는 여러 가지 원인이 있겠지만 광고 효율 분석이 어렵다는 단점이 꽤 큰 비중을 차지합니다.

효율 분석이 어렵다고 하지만, 온라인 마케터의 시선으로 분석을 해보기로 했습니다. 다행히 정답은 한 가지만 있는 게 아니므로 저만의 새로운 정답을 찾아보기로 했습니다.

먼저 TV 광고는 온라인 광고처럼 정확하게 노출이나 클릭 수 확인이 안 되는 사실을 인정했습니다. 몇 명이 광고를 봤는지, 그 광고를 본 후 고객들의 검색, 회원가입, 설치, 구매 등 다양한 활동을 실시간으로 파악하고 분석하는 건 변수가 많다고 판단했습니다. 최대한 핵심 지표 위주로 단순 비교해보기로 했습니다.

결국 분석이 가능한 온라인 광고와 직접적인 비교를 통해 TV 광고의 최종 효율을 확인하기로 했습니다. TV 광고 진행 기간의 데이터 중 분석이 가능한 온라인 광고의 데이터를 최대한 정확하게 확인하여 제외시킬 수 있다면 나머지를 TV 광고의 효율로 볼 수 있다고 생각했습니다. 예전에는 온라인 광고조차 실제 데이터와 분석 데이터의 차이가 커서 이 방법을 쓰지 못했지만, 최근에는 온라인 광고 분석 오차 범위가 10% 이내로 줄어들었으므로 충분히 가능하리라 생각했습니다. 그리고 TV 광고가 온라인 광고 대비 어떤 장점과 단점이 있는지 최대한 비교하기로 방향을 정했습니다.

광고 중간 과정보다는 최종 결과 위주로, 제일 중요하다고 생각하는 매출, 광고비, 방문자 이 세 가지를 기존에 진행 중이던 온라인 광고와 직접 비교해봤습니다. 그리고 광고 채널을 10개 이상 동시 운영하며 비교할 때 쓰는 방법을 적용했습니다. 예를 들어 네이버, 카카오, 구글 등 여러 종류의 광고(SA, DA, VA)들은 각자 노출 방식, 소재, 목표 등이 다르지만 최대한 동일한 기준으로 비교하며 광고 채널들의 순위를 매기고, 그 순위에 따라 매월 광고비를 분배하는 방법입니다.

매출

광고를 하는 가장 중요한 이유입니다. 물론 회사마다 이 기준은 다를 수 있습니다. 신제품 홍보, 다운로드, 회원가입, 방문자 증가, 브랜딩 등을 위해 진행하기도 하니까요. 그러나 대부분의 회사가 매출을 목적으로 광고를 하므로 매출 변화를 가장 먼저 비교했습니다. 제가 분석한 광고의 목적은 매출이 1순위는 아니었다는 부분은 참고해야 합니다.

최근 2년 이상의 매출 지표를 확인하고, TV 광고를 진행한 후 몇 개월간 매출 변화를 확인했습니다.

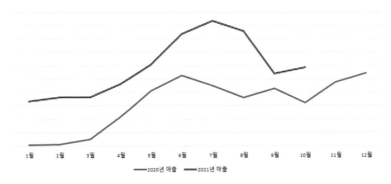

TV 광고 후 2년 간의 매출 변화 추이

2021년 7월에서 8월까지 2개월간 TV 광고를 진행했습니다. 6월 대비 7월 소폭 증가했으나, 8월에 다시 소폭 하락했습니다. TV 광고를 했음에도 이정도 매출 상승은 매우 저조한 편입니다. 그러나 전년과 비교해 원래 7월에 하락했어야 하는 매출이 광고 진행 후 오른 것을 보면 매출 증대 효과가 일부는 있었다고 볼 수 있지만 아쉬운 결과입니다.

광고비

TV 광고는 '매우 비싼 광고'라고 앞서 말했습니다. 다른 광고에 비해 부대 비용이 많이 필요하기 때문입니다. 특히 유명 모델이 등장하면 어마어마한 비용이 들어갑니다. 회사 입장에서는 이왕 TV 광고를 하기로 했으니 전 국민이 아는 모델을 쓰고 싶어 하고, 그 시기에 뜨는 모델을 회사마다 앞다투어 섭외하려 합니다. 그래서 해당 시기에 선호하는 모델은 브랜드만 다른 수많은 광고에 동시에 나오기도 하죠. 지상파, 케이블에 보통 패키지로 노출을 정하게 되는데 1개월 노출 비용만 해도 꽤나 큽니다. 거기다 보통은 지하철, 버스 등 옥외 매체와도 연계하기 때문에 이 광고비도 무시 못 할 수준입니다.

대략 합치면 몇십억 원의 비용이 들어갑니다. 이 비용도 모델, 광고 노출 회수, 기간에 따라서 2~3배 더 높아질 수 있습니다. 거기다 결정적으로 CPT 광고이기 때문에 사전에 광고비가 확정되었다는 점이 중요합니다. 노출 기간을 미리 정했으니 중간에 효율이 떨어지는 걸 확인해도 중지하거나 소재를 변경하기란 거의 불가능합니다. 언제든지 중지가 가능하고, 광고 소재를 매일 수정하면서 변화를 줄 수 있는 온라인 CPC 광고와는 근본적으로 다릅니다. 따라서 단 한 번의 준비로 좋은 결과를 기대해야 하는 매우 모험적인 광고입니다.

일단 광고 종류는 많이 다르지만 광고비를 쓰는 건 같기 때문에, TV 광고와 온라인 광고의 비용을 고객 획득 비용 CAC^{Customer Acquisition Cost}[06]로 비교하기로 했습니다. 최근 2년 간의 온라인 광고 CAC와 TV 광고를 진행한 시점

06 ' 신규 고객 한 명을 확보하기 위해 필요한 비용.

의 CAC를 비교해 보니 예상보다 놀라운 수치가 발견되었습니다.

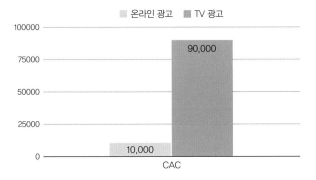

아무리 분석해봐도 TV 광고의 CAC가 거의 9배 높았습니다. 분석 기간을 최대한 늘려도 보고 기준점 변경도 해봤지만 온라인 광고 대비 TV 광고가 단순 전환 기준으로 몇 배나 비싼 광고라는 결론은 바뀌지 않았습니다. 그러나 장기간 진행해서 안정된 온라인 광고의 CAC와 처음 하는 TV 광고의 CAC를 비교하는 게 공평하지 않을 수 있습니다. 또 회사마다 CAC 기준이 다를 수 있고, 분석 지표가 다르면 이 차이는 달라질 수 있습니다. 하지만 너무 큰 차이가 발견되어 어쩔 수 없이 기회 비용을 생각하지 않을 수 없었습니다.

만약 TV 광고비를 전부 온라인 광고로 사용하면 어떤 결과가 나올까요? 단순히 10억의 비용을 20억으로 늘린다고 효율이 두 배 증가하기란 매우 어렵고, 특히나 온라인 광고는 비용이 커질수록 효율은 떨어진다는 걸 감안하지 않을 수 없습니다. 그러나 9배는 매우 큰 차이입니다. 온라인 광고비를 2~3배 갑자기 늘려서 효율이 떨어짐을 감안해도 저 정도 큰 차이라면, 온라인 광고가 광고비 대비 경쟁력이 높다는 생각을 할 수밖에 없었습니다.

제가 온라인 마케터이다 보니 이런 분석이 나왔을 수도 있습니다. 그렇지만 진행 기간 동안 광고비 대비 전환 효율을 생각하면 TV 광고는 많이 비싼 광고임이 분명했습니다. 이 부분은 장기간 다양한 지표를 상세 비교해야 조금 더 정확한 분석이 될 것입니다.

방문자

TV 광고는 단기간 내에 방문자나 검색량을 크게 늘릴 수 있다는 장점을 가지고 있습니다. 꼭 광고가 아니더라도 TV 프로그램이나 뉴스, 또는 PPL로 잠깐만 노출해도 몇십 배 이상의 검색량 증가를 쉽게 확인할 수 있습니다. TV 광고가 가진 가장 큰 장점이죠.

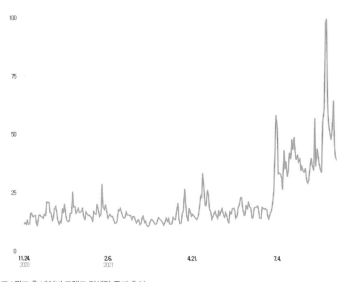

TV 광고 후 네이버 트렌드 검색량 증가 추이

물론 단순 방문, 검색 증가이다 보니 정확하게 타깃의 나이, 성별 등을 구분할 수 없지만 그럼에도 단기간 내 수십 배 이상의 효과를 내는 광고입니다.

대략 따져봐도 1~2개월 내로 평균 대비 5~10배 이상의 방문자를 증가시킬 수 있습니다.

아쉽게도 핵심 지표 위주로 최대한 단순하게 분석하다 보니 결과 위주의 분석이었습니다. 또한 기간도 3개월 정도로 짧아, 무언가 많이 놓친 숫자가 있을 것입니다. TV 광고의 효율을 단기간에 결과로만 분석하는 건 무리일 수 있습니다. 광고 후 6개월 이상의 지표를 파악하며 잠재 고객의 활동까지 봐야 하고, 브랜딩 효과가 어느 시점까지 이어지는지 꾸준히 지켜보는 것이 더 확실한 분석일 것입니다.

TV 광고의 장점과 한계

TV 광고와 온라인 광고는 진행 방식이나 효과가 너무 다릅니다. TV 광고는 엄청난 인지도와 브랜드 이미지 상승 효과를 얻을 수 있습니다. 생소했던 회사명과 상품, 또는 서비스를 수많은 고객들에게 각인시키게 됩니다. 인지도가 높아지며 여러 제휴를 진행하기도 수월해집니다. 직원 채용을 할 때도 기존에 비해 지원자가 늘고, 좋은 인재가 모이게 됩니다. 내부적으로도 직원들의 사기가 올라가는 경우도 있습니다. 또 기존 고객의 충성도를 높일 수 있고, 잠재 고객에게는 신뢰를 쌓을 수 있습니다. 단순 숫자로는 파악이 힘든 다양한 브랜딩 효과를 얻게 됩니다.

그러나 엄청난 비용을 잃을 수도 있습니다. TV 광고를 처음 진행하는 대부분의 회사가 갑자기 거액의 광고비를 단기간에 사용하지만, 모든 회사가 원하는 좋은 효율이 나올 수는 없습니다. 100%의 효율을 내주는 광고는 어디에도 없습니다.

마케터로서 냉정히 생각해보면 TV 광고를 통해 큰 성공을 거둔 곳들은 이미 철저히 준비가 된 회사였다는 판단이 듭니다. TV 광고를 하기 전부터 상품, 서비스, 가격 등의 경쟁력을 철저하게 확보해 '근거 있는 자신감'을 바탕으로 확실한 성공을 만드는 것입니다. 하지만 이런 성공을 두고 '광고 하나 잘되었을 뿐'이라고 쉽게 폄하하기도 합니다.

TV 광고로 성공을 거두기 위해서는 일정 조건이 필요합니다. 경쟁력 있는 상품, 서비스, 가격 그리고 잠재 고객들을 광고를 통해 충성 고객으로 바꿀 수 있는 다양한 토대가 갖춰져 있어야 합니다. 여러 번 테스트하기도 어렵고 단 한 번의 기회로 성과를 기대해야 하는 TV 광고는 경력과 실력이 준비된 회사와 마케터들이 그동안의 노력을 검증받는 최종 관문과도 같습니다.

4장

평범한 마케터의
성장과 발전

마케터로 버티고 살아남기

마케터의 가장 어려운 경쟁 상대는
그 누구도 아닌 자기 자신이다.

growth

작은 회사에서 마케터로 성장하기 위해 중요한 것은 '목표 파악'이다.

/

number

마케터는 '틀리지 않는 숫자'를 찾아야 한다.

competitor

성과를 착각하지 않기 위해 외부 경쟁자 그리고 과거의 나와 비교해야 한다.

/

sales

마케팅의 목표는 매출이 아니지만, 마케터의 목표는 매출이다.

광고비를 절약하는 방법, CTR 떨어뜨리기

CTR은 언제 올리고 낮춰야 할까

광고비 절약은 쉽지 않습니다. 꼭 사용해야 하는 광고비를 절약한다는 건 어떻게 보면 모순입니다. 그러나 어떻게든 방법을 찾아야 합니다. 운영 광고비가 적든지 많든지 말입니다.

여러 가지 절약 방법이 있습니다. 그중에서 온라인 마케팅에서만 활용할 수 있는 방법인 CTR(클릭률)을 활용하는 방법을 소개하겠습니다. 제가 가장 자주 사용하는 방법 중 하나이고, 광고비가 부족할 때 매우 효율적인 방법입니다.

CTR을 일부러 낮추는 광고 소재 사용

클릭률을 낮춘다는 건 광고를 클릭할 고객 중 효율이 떨어지는 고객의 클릭은 최대한 막는다는 의미입니다. 예를 들어 20대 여성이 타깃인 회사에서

50대 남성의 클릭은 큰 도움이 안 될 수 있습니다. 40대 남성이 타깃인 회사에서 10대 여성의 클릭은 효율이 떨어집니다. 이런 식으로 CPC 광고의 특징을 살려 광고 소재를 활용해 광고 효율이 기대되는 고객의 클릭만 유도하는 방법입니다.

일반적이고 대중적인 방법은 아닙니다. 그러나 온라인 마케팅에서는 절대적인 정답이 없기에 다양한 방법을 알아두는 게 도움이 될 것입니다. 특히 광고비가 크지 않고, 아직 광고 효율이 안정적이라면 이런 방식을 시도해보는 게 좋습니다.

- **CTR**: 인터넷상에서 배너 하나가 노출될 때 클릭되는 횟수. 보통은 '클릭률'이라고 한다. 예컨대 특정 배너가 100번 노출됐을 때 세 번 클릭된다면 CTR은 3%가 된다. 일반적으로 1~1.5% 정도면 광고를 진행할 만한 수치이다.

CTR 용어 개념이 그렇게 어렵지는 않습니다. 간단히 클릭률로 이해하면 됩니다. 실제 광고를 진행하다 보면 평균적으로 1~2% 미만인 경우가 많습니다. 그래서 대부분 CTR을 높이는 방법을 많이 고민하게 됩니다. 인터넷에 조금만 검색해봐도 클릭률을 높이는 수많은 팁과 전략을 찾아볼 수 있습니다.

- 눈에 띄는 화려한 색상의 배너
- 한눈에 이해되는 쉽고 짧은 광고 카피
- 유명한 광고 모델 활용

그런데 왜 CTR을 높이려고 할까요? 클릭 수가 많을수록 좋은 게 당연합니다. 기존의 TV 광고처럼 오프라인 광고라면 더욱 절대적입니다. 왜냐하면 CPT 광고는 이미 광고비를 확정한 상태이기 때문입니다. 이런 상황에서는 무조건 관심도를 높여 클릭률을 높여야 합니다.

예를 들어 광고비 1억을 써서 특정 시간에 TV 광고를 일주일 진행한다고 가정해봅시다. 유명 모델로 신뢰감을 높이고 새로운 아이디어로 상품과 브랜드를 각인시키는 광고와 전혀 기억에 남지 않는 존재감 없는 광고가 있다고 하면, 당연히 효율 차이가 나게 됩니다. 그래서 어떻게든 눈에 띄는 광고를 만들기 위해 노력합니다. 예를 들어 10만명이 본 광고와 1만명이 본 광고를 비교하면 같은 광고비로 10배의 차이가 나는 것입니다.

전국민이 아는 유명 모델로 초반 인지도를 확실하게 높인 마켓컬리 광고

신선한 아이디어로 유튜브에서 800만 뷰를 달성한 KCC 광고

그런데 **온라인 마케팅에서는 무조건 CTR을 높이는 게 정답이 아닐 수 있습니다.** 온라인 마케팅은 대부분 클릭당 비용이 소요되는 CPC 방식이기 때문입니다. 클릭률이 높으면 높을수록 광고비가 크게 늘어납니다.

그저 눈에 띄는 광고 소재와 모델을 사용하는 게 아니라 제품 타깃에 가장 적합한 모델, 광고 소재, 광고 문안을 사용하여 일부러 CTR을 떨어뜨리는 것도 방법입니다. CTR이 떨어지면 클릭률이 적다는 것이므로 광고비는 줄어들게 됩니다. 다음 예시 광고와 같이 '38만 원'으로 명확한 가격 제시와 '쇼핑몰 제작' 문구 등을 크게 강조함으로써 쇼핑몰 제작에 관심이 없다면 클릭하지 않게 만드는 것입니다.

CTR을 떨어뜨리려는 광고 ①

다음 광고 배너도 마찬가지입니다. 자동차 보험료 광고인데, 이정도 자세한 텍스트 제시라면 보험에 관심없는 사람들은 결코 클릭하지 않겠죠.

CTR을 떨어뜨리려는 광고 ②

두 광고는 한눈에 봐도 유명 모델도 없고, 화려하지도 않고 텍스트로만 이루어진 광고입니다. 관심 없는 이는 선뜻 클릭할 엄두도 못낼 정도로 명확하게 타깃을 상정하고 있습니다. 다음 예시를 또 보겠습니다.

CTR을 높이려는 광고 ①

이 광고는 한눈에 보이는 '50% 세일' 문안이 가장 강력합니다. 크기도 크고, 색상도 화려하죠. 그래서 쉽게 클릭을 유도하고 있습니다 오른쪽에 남자 모델이 있기는 하지만, 그렇다고 여자들이 클릭을 안 할 이유도 없습니다.

CTR을 높이려는 광고 ②

이 광고는 '디지털 · 가구 빅세일 초특가'라는 강력한 문안으로 CTR을 높이려 하고 있습니다. 가구와 디지털 카테고리는 주 고객층이 다릅니다. 불특정 대다수를 위해 무조건 CTR을 높이는 데 목적을 두고 있습니다.

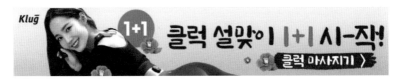

CTR을 높이려는 광고 ③

유명 모델을 쓰고, '1+1'이라는 이벤트 문구로 클릭률을 높이는 광고입니다. 가장 일반적인, 대다수의 클릭을 유도하는 광고입니다.

이렇게 광고를 여러 개 비교해보면 특징을 구분할 수 있습니다. 대기업이거나 운영하는 광고비가 많은 경우, 그리고 주 고객층이 폭넓은 경우나 CPM Cost Per Mille 광고인 경우에는 CTR을 최대한 높이는 광고를 운영합니다. 그러나 자동차 보험처럼 고객층이 확실할 때는 총 클릭 수는 적더라도 효율 좋은 클릭을 받는 게 유리합니다. 특히나 광고비를 절약해야 하는 상황에서는 더욱 그렇습니다.

CTR를 낮출 수 있는 조건

그러나 CTR을 떨어뜨리는 테스트를 하기 위해서는 몇 가지 전제 조건이 있습니다.

① 효율이 좋은 주 고객층이 확실하게 구분이 된 상태

만약 본인이 광고하는 상품의 주 고객층이 누군지 모르는 상태라면 이런 테스트를 진행할 수 없습니다. 예를 들어 24세 여성이 주 고객층이라고 생각하고 광고를 제작했는데, 알고 보니 35세 여성이 주 고객층이었다면 전혀 의미가 없습니다. 무엇보다 정확하게 효율이 좋은 고객층이 상세하게 분석된 상태여야 합니다.

매우 상세히 구분해야 합니다. 가장 안 좋은 사례는 단순히 '20~30대 여성'으로 구체적이지 못한 경우입니다. '23세 여성 중에서 학생이 아닌 직장인'처럼 구체적이고 상세하게 구분할수록 좋습니다.

② 여러 광고 채널을 사용해서 노출이 충분히 보장된 상태

만약 하나의 광고 채널만 운영하는데 CTR을 떨어뜨리면 총방문자 수도 떨어지기 때문에 가능하면 최소 두 개 이상의 광고 채널을 운영하면서 일정 수준의 노출이 보장된 상태여야 합니다. 단순 방문자를 늘리는 광고와 효율을 높이기 위해 방문자를 일부러 줄이는 광고를 구분하는 게 좋습니다. 온라인 마케팅에서는 예전과 다르게 노출이 부족한 경우는 거의 없습니다. 하나의 광고 채널에 집중하기보다는 네이버, 카카오, 구글, 메타 등 여러 곳으로 분산시켜 노출을 안정적으로 확보해야 합니다.

③ 광고 효율 분석을 할 수 있는 상태

100% 정확하지는 않지만 어느 정도는 광고별 효율 분석이 가능한 상태여야 합니다. 대표적으로 '구글 애널리틱스' '애드브릭스Adbrix' '앱스플라이어Apps-Flyer' '애드저스트Adjust' 등 상품과 앱, 웹에 따라서 너무 다양하지만 본인에게 맞는 툴을 찾아서 가볍게라도 분석을 할 수 있는 상태여야 합니다. 운영하는 광고비가 적거나 온라인 마케팅을 처음 하는 분들에게는 조금 어려울 수 있습니다. 그래도 처음에는 무료 툴을 찾아보고 인터넷 검색을 해서 세팅도 직접 해보고, 최소 70%라도 분석할 수 있는 상태여야 합니다. 그 어떤 분석 툴도 100% 분석은 어렵습니다. 혼자서 힘들면 외부 도움을 받아서라도 지속적인 분석으로 실제 효율과 분석 툴과의 효율 차이를 줄이는 게 좋습니다.

CTR을 일부러 떨어뜨리는 방식은 예전에는 거의 사용하지 않았습니다. 온라인 광고 초창기에는 클릭 수를 늘리는 게 힘들어서 오직 노출을 늘리는 방법을 찾는 데 집중했습니다. 그러나 스마트폰으로 모바일 광고 시장이 점점 커지고, 여러 온라인 광고 채널들이 생겨나면서 더 이상 노출이 부족해 클릭이 적은 경우는 사라지고 있습니다. 노출이 적은 상태에서는 CTR을 높여야 합니다. 그러나 여러 광고 채널을 운영하다 보면 노출이 부족한 경우는 점점 적어집니다. 충분한 노출이 보장된 후에는 클릭 수가 적더라도 효율 좋은 클릭만 받는 게 더 유리합니다.

다음 실제 운영 예를 보면, 테스트하기 위해 일부러 극단적으로 CTR을 떨어 뜨리는 방식으로 진행해봤습니다.

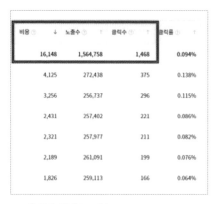

비용	↓	노출수	↑	클릭수	↑	클릭률	↑
16,148		1,564,758		1,468		0.094%	
4,125		272,438		375		0.138%	
3,256		256,737		296		0.115%	
2,431		257,402		221		0.086%	
2,321		257,977		211		0.082%	
2,189		261,091		199		0.076%	
1,826		259,113		166		0.064%	

CTR을 떨어뜨린 테스트 결과

– 노출 수: 156만 4758

– 클릭 수: 1468

– 클릭률: 0.094%

– 광고비: 1만 6148원

클릭률이 0.094%로 매우 낮습니다. 그러나 노출은 150만이나 되었고 클릭 수는 적어 실제 광고비가 2만 원도 들지 않았으니 손실이 전혀 없습니다. 클릭이 적으면 광고비도 적은 CPC 광고의 장점을 최대한 활용한 경우입니다. 만약 TV 광고나 온라인의 CPM 광고처럼 노출량으로 광고비를 책정한다면 엄청난 광고비가 나와야 하지만, CPC 광고에서는 이런 과감한 테스트도 가능합니다. 물론 이렇게 극단적인 세팅이 아닌, 일반적인 세팅보다 50% 정도 CTR을 낮추는 정도로도 충분합니다. 이 테스트는 호기심으로 어디까지 가능할지 확인하고 싶어 진행했습니다.

광고비를 절약하는 데는 여러 방법이 있습니다. 마케터라면 다양한 방법을 끊임없이 테스트해보며 가장 최적의 광고비를 사용하는 방법을 찾아야 합니다. 특정 방식이 무조건 옳은 게 아니라 본인이 광고하는 상품과 회사에 가장 걸맞는 방법을 찾는 게 중요합니다. 새로운 방법을 찾아서 시험해보고 결과가 좋으면 그게 정답이 됩니다.

그렇지만 시간이 지나고 환경이 바뀌면 예전의 정답이 오답이 되기도 합니다. 그러므로 마케터는 계속 도전하는 태도를 유지해야 합니다. 끊임없이 변화하는 온라인 마케팅에서 영원한 정답은 없기 때문입니다.

마케터가
틀리지 않는 숫자를
찾아야 하는 이유

— 4 - 2 —

의심하고 또 의심하는 과정

마케터는 하루 사이에도 수많은 숫자와 마주하게 됩니다. 광고비, 매출, 회원가입, 다운로드, 방문자, 클릭률, 이탈률, 체류 시간 등 매일같이 확인하고 점검하는 숫자들입니다. 이런 상황에서 최근에는 마케터가 수학이나 통계를 잘해야 한다는 이야기도 나오고 있습니다. 자사 서버 DB(데이터베이스)에 쌓인 데이터 분석을 위해 SQL을 배우는 경우도 점점 많아지고 있습니다. 광고 분석이 점점 고도화되면서 수많은 숫자, 즉 수치를 찾아내 분석하는 과정이 갈수록 복잡해지고 있습니다.

몇 년 전 그로스 해킹에서 최근에는 데이터 드리븐까지 환경이 빠르게 변화하고 있습니다. 저 같은 경력이 오래된 마케터에게는 생소한 용어들이 가득해 새로운 분석 방식을 이해하고 배우기 위해서 노력했지만, 아직도 실전에 적용하는 데 애를 먹고 있습니다. 새로운 분석 방식에 대해 스스로도 확신이 부족합니다. 많은 숫자 데이터 중에 어떤 것을 더 믿고 광고를 진행할지는 마케터마다 조금씩 기준이 다를 수밖에 없습니다.

의심 또 의심, 틀리지 않는 숫자 찾는 법

예전에는 참고할 만한 숫자가 적어서 고민이었다면, 이제는 너무 많아서 고민인 환경입니다. 이런 환경 속에서 당연스럽게도, **마케터는 틀리지 않는 숫자를 찾는 게 매우 중요**합니다. 저는 모든 숫자를 의심하고 또 의심하기로 했습니다. 조금이라도 불안하거나 정확하지 않은 숫자와 항상 틀리지 않는 숫자를 구분하기 시작하며, 조금씩 제 나름대로의 광고 분석 기준이 정립되어 갔습니다.

마케터가 가장 먼저 보는 숫자는 보통 광고 숫자입니다. 노출 수, 전환 수, 클릭 수, 광고비 등입니다. 그런데 이 숫자를 100% 믿을 수 있는지 생각해보면, 의외로 이 숫자들 역시 많이 틀릴 수 있습니다.

'노출 수'는 노출이 실제로 된 게 맞는지 마케터나 광고주가 일일이 확인할 수 없기 때문에 그다지 신뢰할 수 있는 숫자가 아닙니다. 몇백만 건의 노출이 있었다고 모든 온라인 광고가 쉽게 이야기하지만, 노출 기준도 광고 매체마다 다릅니다. 그리고 노출이 아무리 되어도 실제 클릭이나 전환은 적은 경우가 비일비재하기에 단순 노출 수가 높다고 무조건 좋다고 볼 수도 없습니다. 예를 들어, 스마트폰에서 다음 내용을 보기 위해 손가락으로 화면을 빠르게 스크롤하는 중간에 노출된 광고도 있을 수 있습니다.

'전환 수' 역시 광고 채널들의 전환 기준과 실제 전환 기준의 차이가 매우 큰 편입니다. 광고 관리자의 전환 수와 실제 전환(매출, 회원가입 등) 수의 차이는 언제나 발생합니다. 특히나 여러 광고를 동시 운영하다 보면 모든 광고가 자신들의 광고 전환 기준을 우선으로 잡습니다. 예를 들어 광고 보고서에서 발생한 회원가입은 100명인데, 실제 회원가입은 70명밖에 안 되는 경우도 자주 발생합니다. 이유는 여러 광고를 동시에 클릭한 고객의 전환을 서로 자신들의 광고를 보고 발생한 전환으로 잡기 때문입니다. 퍼스트 클릭first click 광고와 라스트 클릭last click 광고 중 어느 광고가 전환에 더 많은 기여를 했는지에 대한 논의도 끊임없이 이어지고 있습니다.

'클릭 수, 설치 수'는 그래도 믿을 수 있는 숫자입니다. 이 숫자는 바로 광고비와 연결되는 가장 민감한 숫자입니다. 모든 온라인 광고가 가장 철저하게 관리하기 때문입니다. 그러나 숫자의 정확성 문제가 아니라, 단순 광고비 소진을 위한 부정 광고인 것이 문제입니다. 특히 최근 CPI 광고의 경우, 보상(Reward)만을 취득하기 위해 수많은 부정 행위가 발생되고 있습니다. Click Spamming, Click Injection, SDK Spoofing 등 다양한 방법으로 광고비 손실을 발생시키고 있습니다.

늘어나는 디지털 광고 사기

세계 광고주 연맹World Federation of Advertisers은 2020년 9월에 발표한 자료에서 디지털 광고 사기가 2025년까지 500억 달러(한화 약 593조 원) 규모의 범죄 시장으로 번질 것으로 예측했습니다. 한국방송광고진흥공사kobaco는 국내 디지털 광고 사기의 손실 규모가 3조 1800억 원에 이른다고 잠정 집계했습니다. 다양한 방법으로 부정 클릭을 발생시키는 사례는 온라인 광고 초창기에도 끊임없이 발생했고, 수많은 방어 대책이 나왔지만 시간이 지날수록 더 늘어나고 있습니다.

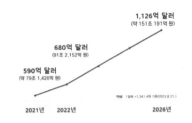

전세계 디지털 광고사기 규모

1,126억 달러
(약 151조 191억 원)

680억 달러
(91조 2,152억 원)

590억 달러
(약 79조 1,426억 원)

2021년 2022년 2026년

디지털 광고사기 상위 5개 국가

40% 60%

1위 미국
2위 일본
3위 중국
4위 한국
5위 영국

온라인 광고 사기 규모 ⓒ매일경제

'광고비'는 여러 가지 광고 관련 숫자 중에서 가장 틀리지 않는 수치입니다. 왜냐하면 결국 마케터나 광고주가 진행한 광고에 광고비를 지불해야 한다는 사실은 절대 변하지 않기 때문입니다. 전환, 노출, 클릭 등을 믿을 수 없는 환경이지만 그래도 결국은 직접 선택하여 진행한 광고의 비용은 꼭 지불해야 합니다. 결국 광고비 대비 실제 효율이 어느 정도 나왔고, 비용 손실이 없었는지 면밀히 파악하는 게 중요합니다.

온라인 광고 숫자를 의심하라는 게 광고를 하지 말라는 뜻은 당연히 아닙니다. 이 숫자가 틀릴 수 있단 사실을 인식하는 게 중요하다는 뜻입니다. 예를 들어 단순히 노출이 늘었다고만 판단할 게 아니라 쓸데없는 곳에 노출이 되지는 않는지 확인해야 합니다. 모든 온라인 광고가 노출 영역을 확장하고 있습니다. 콘텐츠, 네트워크 매체 등으로 마케터가 생각하지도 못한 영역으로 노출을 늘려가고 있죠. 이 노출 영역들을 자세히 들여다보면 도저히 정상적으로 보기 어려운 사이트나 앱도 많고, 진행하는 광고와 연관성이 전혀 없는 곳이 매우 많습니다. 이럴 때 광고 숫자만 보면 노출도 클릭도 늘었고 CPC는 크게 하락했다며 기뻐할 수도 있지만, 가장 중요한 실제 효율은 떨어지고 있습니다.

광고 숫자가 여러 가지 이유로 의심이 가는 환경에서 그래도 가장 믿을 만하고 틀리지 않는 숫자는 결국 매출, 회원가입 같은 내부 숫자입니다.

'매출'은 가장 중요하며 가장 틀리지 않는, 아니 틀릴 수 없는 숫자입니다. 이익을 창출하는 회사라면 당연히 매출의 상승과 하락을 가장 주시하며 그 어떤 숫자보다 정확하게 관리합니다. 그래서 마케터는 매출만큼은 정확한 시선으로 분석해야 합니다. **일, 월, 년 단위로 분석하고 지속적으로 기간별 비교를 하면서 변화를 확인해야 합니다.** 마케터가 자신이 진행한 마케팅이 매출 변화에 실시간으로 어떤 영향을 끼치는지 정확히 확인할 수 있다면, 이것만큼 확실한 광고 분석은 없을 것입니다.

'회원가입'도 거의 틀리지 않는 숫자입니다. 이 숫자 역시 변동 추이를 확인하는 게 매우 중요합니다. 회원가입은 꼭 광고비를 써서 올리는 것만은 아닙니다. 콘텐츠 마케팅, 브랜드 마케팅, 바이럴 마케팅 등 비교적 다양한 활동으로도 성장할 수 있는 숫자이므로 성장 요인과 변화를 다각도에서 살펴야 합니다.

'방문자'도 외부 숫자가 아닌 내부 숫자를 확인하는 것이 좋습니다. 광고비를 사용해서 증가시킨 방문자와 실제 방문자의 차이를 보고, 마케터를 가장 고민하게 만드는 다이렉트^{direct}[01] 방문자, 오가닉^{organic}[02] 방문자 숫자의 변화를 정확히 파악하고 분석할 필요가 있습니다.

이밖에도 객단가, 고객 결제 주기 등 틀리지 않는 여러 숫자도 살펴볼 필요

---

01 '직접 유입'. 사용자가 다른 링크나 광고에 영향을 받지 않고 주소창에 직접 URL을 입력하여 접속하는 경우.
02 '자연 검색'. 구글과 같은 검색 엔진에서 순수 검색을 통해 유입된 경우.

가 있습니다. 광고 수익률(ROAS) 외 추가로 CAC, 고객 생애 가치(LTV) 등을 조금 더 상세히 분석하는 게 마케터에게 큰 도움이 됩니다.

마케터가 여러 숫자들을 의심하고 또 의심할수록 광고 효율은 점점 좋아질 수밖에 없습니다. 왜냐하면 손실을 입힌 숫자들을 조금씩만 줄여도, 광고 효율의 큰 차이를 만들어낼 수 있기 때문입니다.

노출 수를 의심하며 효율이 크게 떨어지는 노출 영역을 줄일 수 있게 됩니다. 자극적인 콘텐츠만 가득한 정보 사이트, 실제 활동하는 유저가 보이지도 않는 커뮤니티, 합법과 불법의 경계에 있는 도박 정보 사이트, 게임 전적 정보만 가득한 게임 사이트, 정체가 불분명한 앱 등 이상한 노출만 찾아서 줄이기만 해도 큰 효과를 볼 수 있습니다. 의외로 많은 온라인 광고가 노출 위치를 공개하지 않습니다. **노출 영역을 공개하지 않는 광고나 노출 영역 설정을 직접 하지 못하는 광고는 최대한 피하는 게 좋습니다.**

클릭 수를 의심하면서 실제 전환 효율이 좋은 클릭과 단순 숫자를 올리기 위한 클릭을 구분할 수 있게 됩니다. 예를 들어 같은 광고비로 100명의 클릭을 받는 광고와 1000명의 클릭을 받는 광고 중에 어떤 광고를 우선 선택하는가에 대한 기준이 생기고, 광고비 비중을 조정할 수 있게 됩니다.

전환 수를 의심하면서 광고 보고서나 분석 툴에서 효율이 좋은 광고와 실제 효율이 좋은 광고를 구분하게 됩니다. 숫자만 비교해서는 도저히 진행을 해야 할 이유를 찾지 못하는 광고들이 간혹 있습니다. 그 어떤 광고 분석 툴로도 효율이 높지 않은데 꼭 그 광고를 했을 때만 실제 효율의 변화가 느껴지는 광고가 드물게 있습니다. 흔히 다이렉트나 오가닉 전환에 영향을 주는 광고라고 합니다. 이 숫자는 실제 내부 숫자의 변화로서만 감지될 때가 있습니다. 이런 광고를 놓치지 않기 위해선 틀리지 않는 숫자의 변화를 알아차리는 마케터의 냉철한 판단력에 기댈 수밖에 없습니다.

마케터와 숫자의 관계

/

마케터가 틀리지 않는 숫자를 찾아야 하는 이유는 무엇일까요? 조작된 숫자에 흔들리지 않기 위해서, 조금 더 정확한 분석을 위해서, 광고비를 절약하기 위해서 등 많은 이유가 있습니다. 그러나 **가장 중요한 건 단 1%라도 조금 더 나은 결과**를 내기 위해서입니다. 실제 결과는 그리 좋지 않은데 분석 보고서에서는 광고 효율이 좋다고 하거나, 콘텐츠의 인기가 높았다고 하는 등 현실과 동떨어진 분석을 할 때가 많습니다. 마케터가 수많은 숫자 사이에서 헤매다 정작 중요한 단서를 놓쳤거나 오직 윗선 보고를 위한 분석만 하다 보면 이런 일이 생깁니다.

마케팅에서 좋은 결과가 나오지 않았을 때 '재방문자가 늘었다! 체류 시간이 증가했다! 클릭률이 증가했다! 콘텐츠 조회 수가 증가했다! DAU가 증가했다!' 등 모호한 숫자를 내세워 사실은 괜찮은 결과라며 포장하려는 시도를 하기도 합니다. 그러나 절대 틀리지 않는 숫자인 매출, 회원가입, 팔로워 수 등이 증가하지 않았다면 좋은 결과라고 보기가 어렵습니다. 결국 **마케터가 실력을 증명하는 가장 확실한 방법은 누구나 해석이 달라지지 않는 틀리지 않는 숫자를 증가시키는 것** 외 다른 방법은 없습니다.

나와 맞는 회사로 이직하는 방법

— 4 - 3 —

현명하게 커리어 관리하기

'평생 직장'이라는 단어가 어색한 시대입니다. 이제는 한 회사에서 10년 이상은커녕 2~3년 이상 근무하는 경우조차도 줄고 있습니다. "첫 회사는 최소 3년 이상 다녀야 한다!"라는 불문율도 깨진지 오래됐죠. 1년 이상만 다녀도 충분히 경력으로 인정받습니다. 그런데 마케터는 이직을 하더라도 중요하게 따져봐야 할 점들이 있습니다.

저도 10년 넘게 온라인 마케터로 일하며 꽤 많은 이직을 했습니다. 이직 후 크게 후회하며 불과 한 달 만에 퇴사한 적도 있고 이직 후 마케터로서 큰 성장을 하게 된, 매우 성공적인 경험도 있었습니다. 이런 경험들을 통해 마케터가 이직할 때 가장 중요한 건 무엇일지 꽤 많은 고민을 하게 됐습니다.

일반적으로 직장인이 이직할 때 중요하게 생각하는 조건은 직종 구분 없이 연봉, 워라밸, 회사 규모, 미래 성장성, 퇴사율, 위치 등 대부분 비슷합니다.

그런데 마케터는 중요한 조건이 세부적으로 조금 다르다고 생각합니다. 연봉, 워라밸보다도 더 중요한 조건들이 있습니다. 물론 경력이나 직종(퍼포먼스, 콘텐츠, 브랜딩 등)에 따라서 우선순위는 좀 달라질 수 있습니다.

마케팅해야 하는 상품의 경쟁력

마케터는 어느 회사를 가도 당연히 마케팅으로 결과를 만들어야 합니다. 그런데 마케팅할 상품이나 서비스의 경쟁력이 떨어진다면 아무리 실력 좋은 마케터라도 좋은 결과를 내기 어렵습니다. **그래서 이직할 때 가장 먼저 중요하게 봐야 할 조건은 그 회사의 상품 경쟁력입니다.** 연봉, 워라밸 같은 조건만 보고 이직했는데 만약 상품 경쟁력이 매우 떨어진다면 마케팅 결과도 나쁠 수밖에 없습니다. 매출, 회원가입, 다운로드, 콘텐츠 인기도 등 최종 결과가 안 좋은 마케터가 업계에서 오래 살아남을 수 있을까요?

원래 잘나가는 상품이었지만 시간이 지나며 인기가 떨어진 경우, 막강한 경쟁 상품이나 경쟁 회사가 생기면서 매출이 하락한 경우와 같이 마케터의 실력과 상관없이 성공을 거두기 힘든 상황은 분명 있습니다. 이미 매출이 계속 떨어지는 상황에서 마케팅 효율을 올리는 건 매우 힘들기에 꼭 여러 요소를 살펴보고 객관적으로 판단해야 합니다.

신제품이나 신규 스타트업의 서비스는 경쟁력을 파악하기 더 어렵습니다. 그렇지만 경쟁 상품 혹은 타 서비스와 비교해보고 실제로 사용도 해보면서 냉정하게 고객 입장에서 판단할 수 있어야 합니다. 주관적인 느낌보단 객관적으로 시장에서 상품 경쟁력이 보이는지, 내가 마케팅하면 좋은 결과가 나올지의 관점에서 생각해봐야 합니다.

결국 마케터는 좋은 상품을 더 돋보이게 하거나 평범한 상품을 잘 포장할 수는 있지만, 나쁜 상품을 거짓말로 포장해서 좋은 결과를 내기 어렵습니다. 결국 실물 상품, 무형 상품, 서비스, 게임, 앱 등 상관없이 내가 마케팅을 잘 해낼 상품인지 꼭 따져봐야 합니다.

업무 자유도

마케터는 유독 정답이 없는 직종입니다. 다양한 아이디어를 활용해 좋은 결과를 내기만 하면 됩니다. 그런데 간혹 마케터의 자유도가 매우 제한적인 회사들이 있습니다. 예를 들어 광고를 진행하는 채널의 제한(오래된 광고만 진행하고 신규 광고를 쉽게 테스트하지 못하는 경우), 광고 소재와 콘텐츠의 제한(카피, 색상, 콘셉트 등을 기존대로만 하거나, 위에서 지시하는 것만 하는 경우), 광고 예산의 제한(채널별 예산 조정을 정해진 대로만 해야 하는 경우)입니다.

이런 부분은 블라인드나 잡플래닛 등 여러 채용 사이트나 익명 커뮤니티의 힘을 빌어 재직자들의 솔직한 리뷰로 분위기를 대강 파악할 수 있습니다. 경력과 상관없이 업무 자유도가 없는 회사는 마케터에겐 최악이라고 해도 과언이 아닙니다. 그저 위에서 지시하는 것만 하거나 습관적으로 하던 마케팅만 기계적으로 하는 경우입니다. 선배를 통해 새로운 걸 경험한다거나, 스스로 새로운 시도를 통한 성공이나 실패 경험 없이 무난하고 안전한 마케팅만 하게 됩니다. 이는 추후 마케터의 성장에 큰 영향을 미칩니다. 마케터에게 업무 자유도는 매우 중요한 조건입니다.

광고비

마케터에게 광고 예산은 회사 규모보다도 더 중요합니다. 광고비 규모가 크면 무조건 좋다는 말은 아니지만 그렇다고 지나치게 적거나, 계속 똑같은 금액만 쓰거나, 아예 안 쓰는 곳은 피해야 합니다. 아무리 규모가 커도 마케팅 효율 분석 없이 탑다운 방식으로 광고비가 정해지거나, 신규 회사라서 아예 광고 예산을 정하지도 않거나, 적은 광고비로 큰 결과를 기대하는 등 구체적인 계획이나 방향성 없는 회사는 아닌지 살펴봐야 합니다.

광고비 규모가 크면 다양한 광고 채널을 경험할 수 있다는 장점이 있습니다. 일반적인 온라인 마케팅도 네이버, 구글, 메타, 카카오 등 여러 광고 채널을 동시 운영하기 때문에 다양한 경험을 할 수 있고, 그 외 TV CF나 지하철, 버스, 택시, 옥외 간판 등 오프라인 광고, 제휴 등 다양한 경험을 할 수 있기 때문에 아무래도 광고비 규모가 큰 회사가 작은 회사보다는 조금 더 좋은 조건이 될 겁니다.

그러나 처음엔 적은 광고비로 시작해서 상품 개선에도 참여하며 점점 좋은 결과를 내고, 광고비를 늘려가는 과정도 마케터에게는 매우 중요한 경험입니다. 따라서 광고 예산이 작은 회사여도 상품 경쟁력이 있다는 판단이 들면 이직을 검토하는 것도 절대 나쁜 선택은 아닙니다. 광고비를 점진적으로 늘려가는 경험이 마케터의 성장에는 더 도움이 된다고 생각합니다.

마케터가 스스로 책임을 지고 마음 놓고 쓸 수 있는 광고비는 적더라도 매우 중요합니다. **마케터라면 실패를 두려워해선 안 되고, 새로운 도전을 계속 시도하면서 실력을 높여야 합니다.** 새로운 광고 채널이나 새로운 마케팅은 언제나 실패 확률이 높지만 다양한 경험은 마케터에게 매우 중요합니다. 적은 광고비여도 이런 새로운 도전 기회를 주는 회사와, 많은 예산이 있어도 도전의 기회를 안 주거나 실패가 절대로 용납되지 않는 회사 중에서 어떤 회사를 선택할지는 본인의 결정입니다.

협업

단순히 광고만 잘 운영한다고 되는 게 아니라, 다양한 관련 부서와 협업을 통해 상품과 서비스 개선을 같이 진행해야 마케팅 성공 확률도 높아지는 시대가 도래했습니다. 마케팅 효율을 높이기 위해 광고만 수정하는 것과 전체 서비스를 같이 수정하는 것은 매우 큰 차이가 나기 때문에 관련 부서와 협업이 가능하다면 마케터 입장에서 매우 좋은 환경입니다.

오래되고 규모가 큰 회사일수록 이런 협업이 어려운 환경이 많습니다. 개발, PM, 디자인 등 마케팅과 가장 밀접하게 협업해야 하는 곳들이 복잡한 시스템적 한계로 인해서 협업이 어렵고 그저 마케팅에만 몰두해야 하는 상황이 많습니다. 상대적으로 신생 회사나 스타트업들은 이런 부서 간 협업이 매우 빠르고 긴밀하게 이루어져 다채로운 경험을 쌓기에는 좋은 환경입니다.

지금까지 마케터가 이직을 생각할 때 가장 중요하게 생각해야 하는 사항들을 추려봤습니다. 이 중에서 가장 중요한 우선순위는 마케터의 경력에 따라서 또 달라집니다.

경력에 따른 우선순위

/

1~3년 차 마케터라면 '광고 예산 규모가 크고 유명한 회사'를 1순위로 보는 게 좋습니다. 아직 경력이 적은 상태에서는 일단 광고 예산이 많은 곳에서 규모 있는 마케팅을 경험하는 게 더 좋습니다. 또 광고비가 많다는 건 회사 인지도도 높기 때문에 차후 이직을 할 때도 유리합니다. 그러나 이런 회사들은 모든 마케터가 가고 싶어 하므로 경쟁이 매우 치열합니다. 그래서 만약 당장 이런 회사로 갈 수 없다면 그다음 2순위는 '업무 자유도'를 보는 게 좋습니다. 광고비가 적어도 마케터 스스로 고민해서 다양한 시도를 해볼 수 있다면 충분히 매력적인 회사입니다. 아직 이 시기는 선배 마케터들이 시키는 일만 하는 경우가 많습니다. 그러나 이 시기부터 스스로 고민하고 결정하는 마케팅을 경험할 수 있다면, 아마 큰 성장을 이뤄낼 수 있을 것입니다.

3~5년 차 마케터라면 '마케팅을 해야 하는 상품의 경쟁력'이 가장 중요하다고 판단됩니다. 이 시기의 마케터는 실무적으로 가장 뛰어나고, 가장 자신감도 있는 상태입니다. 이직 후 마케터로서 압도적인 실적을 낼 수 있는 곳을 찾는 게 중요합니다. 회사가 작으면 키우면 되고, 광고비가 적으면 매출을 늘려서 광고비를 늘리고, 마케터로서 자신 있게 스스로 성공 사례를 만드는 게 그 어떤 무엇보다도 중요한 시기입니다.

이때쯤이 이직하기 가장 좋은 시기입니다. 모든 회사가 실무에 능숙한 3~5년 차 마케터를 찾습니다. 하지만 언제나 경력 있고 실력 있는 마케터들은 부족합니다. 그래서 비교적 이직 기회가 많아 단순히 유명하고 큰 회사나 연봉이 높은 회사를 선택하는 경우가 많습니다. 그러나 이때는 전체 커리어에서 가장 중요한 시기이기 때문에, 다른 어떤 조건보다도 상품 경쟁력을 검토해서 마케터로서 큰 성장과 성공을 거둘 수 있고 다양한 경험을 할 수 있는 곳을 찾아야 합니다.

6~10년 차 마케터라면 별도의 우선순위를 따지는 건 크게 의미가 없습니다. 그저 본인이 원하는 분야를 확실히 찾아 이직하는 게 가장 최선입니다. 10년이 넘은 저는 '업무 자유도' '상품의 경쟁력' 이 두 가지가 다른 어떤 조건보다도 우선이었습니다. 이직 시 연봉 인상보다는 제가 마음 놓고 다양하고 새로운 광고를 시도할 수 있는 자유도를 더 중요시했습니다. 연봉이 높아도 스스로 마케팅을 성공시킬 자신이 없는 경쟁력 없는 상품의 회사는 좋은 결과를 내거나 제가 성장할 가능성도 보이지 않아 선택하지 않았습니다.

그러나 현실적으로 이직 조건을 따지는 게 사치인 상황도 자주 발생합니다. 퇴사 후 이직을 준비한 기간이 몇 개월이 아니라 1년이 넘어가거나, 금전적으로 매우 급한 상황이라면 기존보다 좋은 조건을 따지기 어렵습니다. 그냥 합격만 시켜주면 무조건 가야 하는 상황인 것이죠. 수백 장의 이력서를 제출해도 서류 합격이 안 되어 면접 기회조차 없는 상황에서 좋은 조건을 따진다는 건 매우 어려운 일일 수도 있습니다. 그래서 이직을 생각할 때 '퇴사 후 이직을 준비'하기 보다는 '직장을 다니면서 여유 있게 준비'해야 더 다양한 선택지를 고를 수 있게 됩니다. 그렇지만 퇴사가 절실할 정도로 힘든 상황에서 이직까지 준비하는 게 무척 버거워 일단 퇴사를 하는 것도 탓하고 싶지는 않습니다. 본인의 상황에 맞춰 최선의 선택을 하는 게 중요합니다.

이직을 통해 얻는 것들

마케터는 이직을 통해 무엇을 얻을 수 있을까요? 일단 다양한 경험을 통해 마케터로서 큰 성장을 할 수 있습니다. 새로운 광고의 경험, 다양한 액수의 광고비 경험, 협업을 통해 마케팅의 효율을 올리는 경험 등 마케터로서 큰 성장을 할 수 있습니다. 그러나 꼭 많은 것을 얻기만 하는 건 아닙니다. 반대로 잃는 것도 생기게 됩니다. 한 회사에서 오래 다니면서 얻을 수 있는 마케팅의 전문성, 기존에 자유롭게 업무를 진행하다가 이직 후 정해진 업무만 하는 경우, 타 부서와 협업이 전혀 안 되는 환경으로 변한 경우 등 오히려 많은 걸 잃을 수도 있습니다.

그렇지만 **이직을 통해 얻는 것과 잃는 것을 단기간에 판단하기는 매우 어렵습니다.** 지금 당장은 이직 후 연봉 인상, 남들이 부러워하는 유명한 회사로 이직 등 바로 눈에 보이는 부분으로 성공 여부를 평가할 수 있습니다. 하지만 경력이 쌓여 몇 년만 지나면, 그 평가가 달라지곤 합니다. 스타트업이나 작은 회사에서 적은 광고비로 시작했지만 자유로운 업무 환경을 바탕으로 실력을 쌓은 마케터가 나중에는 더 빠르게 성장할 수도 있고, 당장 연봉이 매우 높은 회사로 이직을 했지만 실력 부족으로 좋은 결과를 내지 못해 연봉이 정체되거나, 성장하지 못해 실력 좋은 후배 마케터들에게 밀려버리는 등 시간이 지난 후에야 선택의 결과가 드러나게 됩니다.

저는 경력이 쌓이며 마케터를 직접 채용하는 면접관 경험도 하게 되었습니다. 면접관으로 임하며 반대 입장이 되어 보니 제가 과거에 면접에서 했던 실수들도 생각나고, 왜 불합격되었는지, 이직을 통해 무슨 경험을 얻었는지에 대해 많은 생각을 했습니다.

연봉만 보고 이직했다가 큰 후회를 한 경험, 계속 다녔어야 하는 좋은 회사를 모르고 퇴사한 경험 등 결국 마케터에게 이직은 그저 하나의 과정이며 끝이 아니라는 생각이 듭니다. 또 불합격은 그저 회사와 구직자 서로 간의 타이밍이나 핏^{fit}이 안 맞을 뿐이지, 마케터의 절대적인 실력 부족을 뜻하는 건 절대 아니라는 걸 깨달았습니다.

마케터의 이직은 실력을 키우고 그 실력을 증명하기 위한 과정에 불과합니다. 그러므로 이직에 실패했다고 자신의 부족을 탓할 필요도 절대 없습니다. 원하는 회사로 이직을 못했다고, 광고비가 적다고, 협업이 안 되는 환경이라고 계속 불만만 가지지 말고 그 안에서도 자신의 실력으로 성공을 만들어내면 됩니다. 마지막으로 **마케터가 이직을 할 때 가장 중요한 부분은 '자신의 실력을 스스로 믿는 것'**입니다.

마케터의
가장 어려운 경쟁 상대

과거의 익숙함과 결별하기

마케터는 항상 수많은 경쟁 상대를 만납니다. 그중에서 **가장 어려운 경쟁 상대는 바로 자기 자신입니다.** 수많은 경쟁사와 끝이 보이지 않는 마케팅 경쟁도 어렵기는 하지만, 가장 중요한 순간에는 '과거의 나 자신과의 경쟁'과 마주하게 됩니다.

마케터는 가장 먼저 수많은 경쟁사들을 이겨내야 합니다. 규모가 비슷한 곳뿐만 아니라 업계 1등과도 끊임없이 경쟁합니다. 매출, 이익, 성장률, 광고, 콘텐츠 등 거의 모든 지점에서 항상 비교당하는 게 현실입니다. 그런데 경쟁사를 이기기 위해서 마케터는 자신이 했던 마케팅부터 이겨내야 합니다.

저도 오랜 기간 경력이 쌓이며 과거에 좋은 성과가 나왔던 광고나 콘텐츠를 똑같이 답습하는 버릇이 생기고 있었습니다. 자가 복제를 하며 새로운 광고나 콘텐츠를 발굴하는 걸 조금씩 미루고 있었던 거죠. 차라리 성과가 매우 안 좋았다면 변화를 주기 쉬운데, 스스로 만족할 만한 성과가 나오는 상황에서는 변화를 주면서 모험하는 선택을 하지 않게 됩니다.

본인이 일궈낸 성과를 이기는 건 정말 어려운 일입니다. 그래서 마케터의 가장 어려운 경쟁 상대인 '과거의 나'를 이겨내는 방법에 대해 천천히 고민해보았습니다.

객관적인 숫자로 자신을 되돌아보기

가장 먼저 자신의 성과를 객관적으로 평가할 필요가 있습니다. 혼자서만 좋은 성과를 달성했다고 착각하는 게 아닌 냉정하게 내부, 외부 숫자로 비교 분석해야 합니다.

내부 숫자로는 과거와 비교해서 매출, 회원, 이익, 광고비, MAU, 조회수, 팔로워 등 여러 중요 지표를 분석해 과거 대비 얼마나 성장했는지 봐야 합니다. 이미 퇴사해버린 선배 마케터들의 성과와 비교해볼 수도 있고, 작년에 본인이 달성한 성과와 비교하면서 성장인지 하락인지 볼 수도 있습니다.

외부적으로는 경쟁사들과 매출, 이익, 검색량 등을 비교합니다. 매년 3월 말에는 대부분의 회사가 작년의 재무 정보를 공개합니다. 이는 1년간의 성적표와도 같습니다. 이 정보를 통해 경쟁사들과 매출, 이익을 객관적으로 비교할 수 있습니다. 비슷한 규모의 경쟁사보다 매출이 높은지, 이익이 높은지, 둘 다 낮지만 성장률이 높은지 등 다양한 부분을 파악해야 합니다.

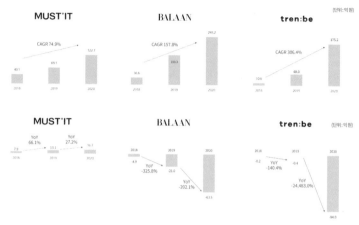

명품 스타트업 매출(위), 영업이익(아래) 비교 자료 ©혁신의숲

취향이 아니라 성과를 따라가기

마케터라면 누구나 자신이 좋아하는 광고나 콘텐츠가 있습니다. 이왕이면 좋아하는 광고가 효율이 잘 나오고, 좋아하는 콘텐츠가 반응이 좋으면 좋겠지만 그렇지 못할 때가 많습니다. 그럴 때는 취향을 버리고 성과를 따라 선택해야 합니다.

예를 들어 저는 검색, 디스플레이, 동영상 광고 중에서 유독 검색 광고를 좋아했습니다. 오래 운영하다 보니 익숙하고, 성과도 좋았던 적이 많았습니다. 그래서 다른 새로운 광고 효율이 점점 높아짐에도 검색 광고 비중을 낮추는 걸 쉽게 결정하지 못했습니다.

하지만 결국 제가 별로 좋아하지 않는 광고의 성과가 높다는 걸 인정하고, 그 광고들의 비중을 높이면서 과거의 저보다 더 훌륭한 성과를 낼 수 있었습니다. 콘텐츠도 제가 좋아하는 콘텐츠가 아니라 고객들이 좋아하는 콘텐츠를 찾기 시작하면서 성과가 나오기 시작했습니다. **마케터는 자신의 취향을 고객들에게 강요하면 안 되고, 고객의 취향을 존중하고 따라야 합니다.**

습관을 돌아보고 의무감을 줄이기

성과와 성장을 위해 자신의 단점을 줄일 필요가 있습니다. 과거의 성과를 스스로 분석하여 성과가 저조한 광고, 콘텐츠는 줄여나갈 필요가 있습니다.

'장기간 운영한 광고를 계속 유지해야 하는가? 매달 반응이 없는 비슷한 콘텐츠, 이벤트를 꼭 진행해야 하는가?' 같은 고민을 한번 냉정하게 할 필요가 있습니다. 오랜 기간 습관적으로 운영하는 광고, 매달 비슷한 이벤트, 경쟁사와 비교해 차별점이 없는 콘텐츠를 최대한 줄여나가야 합니다.

성과가 떨어지는 이벤트나 광고는 아예 하지 말라는 뜻이 아닙니다. 잠시 시간을 갖고 경쟁사들과 비교해보고, 고객들이 왜 반응이 없는지를 깊이 고민하는 시간을 갖자는 뜻입니다.

새로움에 도전하기

마케터라면 늘 기존에 하지 않던 새로운 것에 도전해야 합니다. 예를 들어 새로 나온 광고를 누구보다 빠르게 경험해보거나, 유행하는 콘텐츠라면 가장 빠르게 반응하고 받아들여야 합니다.

하지만 새로운 것에 도전했을 때는 대부분 처음엔 실패하게 됩니다. 하지만 단기적으로는 실패지만 시간이 지나며 새로운 광고나 콘텐츠가 결국은 마케터의 성과를 크게 올려주는 경우가 많습니다.

예를 들어 저는 처음에는 숏폼이 매우 생소하고 어려웠습니다. 콘텐츠 제작도 어렵고, 기존 동영상 광고와는 너무 큰 차이가 나다 보니 여러 번 실패를 거듭했죠. 그러다 보니 굳이 효율이 나오는 광고를 놔두고 숏폼 광고를 계속 시도하는 것에 대해 고민이 많았습니다.

그렇게 계속 작은 실패를 반복하던 중, 정말 우연찮게 만든 숏폼 콘텐츠에서 큰 성과가 나왔습니다. 그래서 그 콘텐츠를 더욱 확장시키고 광고를 본격적으로 운영하면서 매출 성장을 얻을 수 있었습니다. 실패를 거듭할지언정 **마케터라면 과거의 익숙함과 결별하고, 언제나 새로운 걸 받아들이고 도전**해야 합니다.

마케터가 경쟁사들과의 경쟁에만 집중하다 보면 자신의 본질을 놓쳐버리게 됩니다. 경쟁사가 엄청난 할인이나 혜택을 주는 이벤트를 진행할 때, 이걸 비슷하게 따라 하기도 합니다. 경쟁사에서 반응이 좋은 콘텐츠라고 하면 그걸 그대로 흉내 내기도 합니다. 심지어 매우 큰 비용이 들어가는 광고조차 경쟁사가 한다는 이유만으로 따라 하는 경우도 종종 있습니다.

하지만 끝없고 혼란스러운 경쟁 속에서도 마케터는 쉽게 흔들리지 않고 자신만의 방법을 찾아내야 합니다. 그러기 위해서는 가장 먼저 과거의 자신을 이겨내야 합니다. 과거의 내가 진행한 광고나 내가 제작한 콘텐츠보다 단 1%라도 나은 성과를 내는 게 중요합니다.

그렇게 조금씩 자신을 이겨내다 보면 그때부터 경쟁사보다 나은 성과가 나오기 시작합니다. 결국 **마케터의 가장 어려운 경쟁 상대는 그 누구도 아닌 자기 자신**이라는 걸 잊지 말고 자신을 이기는 데 집중해야 합니다.

스타트업 마케터의
현실과 가능성

스타트업만의 특성 알아보기

스타트업 마케터는 일반 회사의 마케터와는 조금 차이가 있습니다. 많은 스타트업이 일반적인 회사와는 조금 다른 성향을 가지고 있기 때문일 것입니다. 빠른 성장을 위해서 공격적인 마케팅을 하거나, 새로운 시도를 과감하게 하는 등 확실히 다른 점이 있습니다. 특히 가장 중요한 광고비도 적자가 나더라도 크게 늘리며 오직 성장에만 초점을 맞추는 경우가 더러 있습니다.

그래서 최근에는 많이 사라졌지만 예전에는 스타트업 마케터 채용 공고에 '스타트업 경험자 우대'라는 조건을 꽤 자주 볼 수 있었습니다. 같은 조건이면 비슷한 스타트업을 경험한 마케터를 채용하는 게 더 안전하다고 생각했던 것이죠. 왜냐하면 경력 마케터가 일반 회사에 있다가 스타트업으로 이직하면 너무 급격한 환경 변화로 인해 적응이 힘든 경우가 많기 때문입니다. 저도 일반적인 회사에서 오랜 기간 일하다가 처음 스타트업으로 이직했을 때 적응이 매우 어려웠던 기억이 있습니다. 일하는 방식뿐만 아니라 거의 모든 부분을 바꿔야 했습니다. 지금은 몇몇 스타트업을 경험하고 나서야 비로

소 적응한 상황입니다. 이제는 반대로 일반 회사에 가면 적응이 어려울지도 모릅니다. 몇 년 전 다시금 일반 회사로 한 번 이직했는데 예전에는 너무나 당연했던 부분이 낯설게 느껴지면서 그 이후로는 계속 스타트업에서만 일하고 있습니다.

모든 회사가 그렇지만 스타트업 역시 장점도 많고 단점도 많습니다. 그래서 사전에 자세히 알아보거나 준비하지 않고, 겉으로 보이는 부분만 보고 신규 입사나 이직을 해서 후회하는 사람을 많이 봅니다. 그럼 어떤 부분을 미리 알아야 조금이나마 적응에 도움이 될지 이야기해보겠습니다.

스타트업도 결국 회사다

스타트업에 신입으로 입사하거나 일반 회사에서 이직할 때 환상을 갖고 있는 사람이 많습니다. 자유롭고, 언제나 새로운 걸 시도하고, 매우 수평적이고, 일을 재미있게 할 수 있는 환경 등 겉으로 드러나거나 미디어를 통해 확산된 이미지로만 판단합니다.

그러나 스타트업도 결국 회사입니다. 매출을 위해서 성과를 내야 하고, 실적에 대한 압박도 심하고, 성과가 안 좋으면 업무 자체가 바뀔 수도 있고, 당장은 연봉이 적을 수도 있고, 심한 경우 퇴사율이 50%가 넘는 등 어두운 면이 분명히 있습니다.

회사란 월급을 받고 그만큼의 성과를 내야 하는 곳입니다. 이제 막 투자를 받아서 일반 회사보다 여유 있고 조금 더 유리한 환경 속에서 일을 할 수 있다고 해도, 결국 이익 창출을 위한 '회사'라는 사실은 변하지 않습니다. 이런 현실적인 부분을 간과한 채 기대와 환상만 가지고 스타트업에 도전하는 건 추천하지 않습니다.

스타트업은 업무 속도가 매우 빠르다

일반 회사에 비해 스타트업은 업무 속도가 매우 중요합니다. 스타트업은 대부분 투자를 받아 운영되기 때문입니다. 투자 순서를 보면 처음에는 초기 단계인 시드seed 투자로 시작하고, 그다음 시리즈 A, B, C, D로 가는 게 가장 일반적입니다.[03] 각 단계에서 다음 투자를 빠르게 받기 위해서는 현재 받은 투자금을 최대한 잘 사용해 바로 실적을 내야 합니다. 그래서 일반 회사에 비해 무모할 정도로 성장 속도를 올리는 경우가 많습니다.

신입은 처음이니까 그저 이 속도가 당연하다고 여기기도 하지만, 경력자는 이 급격한 속도에 적응하지 못하는 이가 많습니다. 일반 회사라면 10~30% 성장을 하는 기간을 분기 또는 연 단위로 잡는데, 스타트업에서는 100% 이상의 성장을 한 달 만에 달성해버리기도 하고, 연 단위로는 1000% 이상 성장하는 로켓rocket 같은 곳들도 자주 있습니다.

이익을 남기면서 천천히 성장하는 회사와 투자를 바탕으로 적자임에도 빠른 성장을 목표로 하는 스타트업의 업무 속도는 성격 자체가 다르다고 봐야 합니다. 업무 체계를 갖추거나 인원 충원 등을 할 여유가 없는 곳도 많습니다. 스타트업은 빠른 업무 속도에 적응하는 게 필수라는 점을 기억해야 합니다.

---

03   투자 라운드 개념 참고: https://zuzu.network/resource/guide/investment-round/

스타트업은 업무 체계가 부족하다

스타트업은 대개 업무 진행을 위한 순서나 체계가 없는 곳이 많습니다. 마케터는 보통 광고나 콘텐츠를 진행하기 전에 기획 후 검토, 광고 예산 설정, 관련 부서와 협의, 광고나 콘텐츠 소재 제작 등 많은 준비가 필요합니다. 그러나 스타트업에서는 이런 과정은 최대한 짧게 끝내고 바로 테스트하는 것이 일반적입니다. 일단 실전 테스트부터 하고 결과를 보면서 수정해나가기도 하고, 결과가 좋다면 바로 예산을 두세 배로 올려 빠르게 더 나은 결과를 내려고 합니다.

체계가 없는 걸 보통은 단점이라고 생각하지만 반대로 생각하면 쓸데없는 협의 과정을 줄이고 실무자들이 조금 더 빠르게 일을 진행할 수 있게 하는 장점으로 여겨지기도 합니다. 규모가 큰 일반적인 회사라면 새로운 프로젝트를 진행하려 할 때 여러 부서와 협의하고 결정권자들의 승인을 받기 위해 몇 달까지 걸릴 수도 있습니다. 하지만 스타트업은 오늘 결정한 사항을 바로 결정권자에게 보고해 곧바로 진행이 가능한 곳입니다.

그러나 신입 마케터는 처음부터 업무를 체계적으로 배울 기회가 부족할 수도 있고, 경력 마케터는 잘 짜여진 체계와 시스템을 바탕으로 일하다가 너무 날것의 환경에 당황하기도 합니다. 업무 체계가 없기 때문에 매번 새로운 시도를 할 때마다 혼란을 야기시킵니다. 사람마다 업무를 처리하는 방식도 다르고, 일반 회사들에서는 별것 아닌 기본 업무를 스타트업에서는 엄청난 시행착오를 겪으며 진행할 때도 있습니다. 업무 체계가 없을 수 있다는 점을 미리 숙지하지 않으면 더욱 당황할 수 있습니다.

스타트업 같지 않은 스타트업도 많다

이 시점에서 생뚱맞을 수 있지만, 스타트업이란 도대체 무엇일까요? 예전에 벤처 기업, 혁신 기업, 강소 기업 등으로 불리던 신생 기업 중에서 신선한 아이디어와 IT 기술 기반의 회사들을 미국 실리콘밸리에서 스타트업이라고 부르기 시작했습니다. 그 이후로 한국에서도 스타트업이라는 용어를 대중적으로 사용하고 있습니다. 본래 스타트업의 정의는 이제 흐릿해지고, 벤처 기업과의 구분도 모호해지고 있습니다. 대부분의 신생 기업들이 스스로 스타트업이라고 규정짓기도 합니다. 그러다 보니 일부 '자칭' 스타트업들은 새로운 기술이나 아이디어 없이 그저 투자를 받기에만 급급하기도 합니다.

그래서 마케터 입장에서는 조금이나마 믿을 만한 스타트업을 찾는 일도 중요합니다. 냉정한 현실 속에서 꿈과 비전만 바라볼 수는 없습니다. 매년 수많은 스타트업이 생기지만, 그만큼 수많은 스타트업이 사라집니다. 그러므로 스타트업을 가기 전 여러 가지 현실적인 부분을 비교하고 고민해야 합니다.

가장 먼저 살펴봐야 할 건 투자 현황입니다. 투자를 많이 받았다면 수많은 투자자가 사업을 면밀히 검토한 후에 가능성을 인정했다는 뜻입니다. 어느 정도는 신뢰가 가는 스타트업이라고 볼 수 있습니다. 투자금이 꼭 크다고 좋은 게 아니라, 시드seed 투자나 시리즈 A를 받은 곳이라도 투자를 한 곳이 어디인지 자세히 볼 필요가 있습니다. 이미 시장에서 성공을 주도한 액셀러레이터accelerator, 벤처 캐피털venture capital들이 투자했다면 앞으로 성장 가능성이 높은 스타트업입니다.

전 세계적으로 유명한 와이 콤비네이터Y Combinator, 500 스타트업500 Startups 같은 곳에서 투자를 받기만 해도 바로 업계의 큰 주목을 받게 되고, 한국에도 여러 개의 유니콘 스타트업을 초반부터 같이 만들어낸 액셀러레이터들이 있습니다. 이런 곳들의 투자는 금액과 상관없이 신뢰를 생성하기 쉽습니다.

그러나 투자를 받지 않고도 크게 성공한 곳도 있습니다. 투자금 말고도 대표의 기존 경력, 핵심 멤버들의 이력, 실제 매출 지표, 퇴사율, 퇴사자들의 평가 등을 자세히 분석하는 것도 필요합니다. 막상 입사 후 실망감만 안고 스타트업에 대한 불신만 생긴 채 퇴사하지 않도록 다방면에서 검토해야 합니다.

스타트업은 장점이 정말 많습니다. 수평적이고 자유로운 분위기에서 재미있게 일할 수 있고, 빠른 성장 속에서 나도 같이 성장하는 좋은 경험을 할 수 있습니다. 그러나 연봉이나 복지는 매우 부족한데 꿈과 열정만 강요하는 곳도 있었습니다. 하지만 최근에는 연봉, 복지 등 조건도 점점 좋아지고 있고 워라밸을 챙기는 곳도 많아지면서 수많은 인재가 스타트업으로 모이고 있습니다.

하지만 현실적으로 모든 스타트업이 좋기만 한 건 아닙니다. 퇴사율이 70%를 넘어가는 곳도 있고, 연봉 인상이 없는 곳도 있죠. 저는 스타트업 마케터로 몇 년간 일하다 보니 이제는 단점보다는 장점을 보고 계속 일하고 있습니다. 마케터로서 업무의 자유도와 빠른 의사결정을 통해 새로운 마케팅을 지속적으로 테스트할 수 있는 환경은 그 어떤 조건보다도 중요하다고 생각했습니다.

지금까지 여러 가지 설명을 했지만 회사마다 환경이 다르기 때문에 본인이 원하는 1순위가 무엇인지를 자신에게 되묻길 바랍니다. 연봉, 워라밸, 업무 자유도, 개인의 성장, 같이 성장할 수 있는 동료 등 1순위를 만족할 수 있다면, 나머지를 조금 양보하는 자세도 필요합니다. 모든 걸 다 갖춘 회사는 찾기 어렵습니다. **그 무엇보다 중요한 건 '나만의 일을 하고 싶다는 마음가짐'입니다.** 자발적으로 우러나서 하는 일을 하고 싶다면, 스타트업은 최고의 회사가 되어줄 것입니다.

작은 회사 마케터로
성장하기 위한 방법

작은 회사 마케터는 많은 것을 바꿀 수 있다

스타트업이나 작은 회사, 혹은 마케팅 부서가 작은 곳에서 일하고 있다면 원하는 만큼 다양한 업무를 경험할 수 있습니다. 담당하는 마케팅 업무 말고도 타 부서와의 업무 협업을 통해 다양한 경험의 기회가 주어지기 때문이죠. 연봉, 워라밸, 회사의 성장성 등 여러 가지 현실적인 조건을 고민한 후 앞서 말한 회사들에 신입으로 입사했거나 경력자로 이직했다면, 이제는 빠른 적응과 실적이 필요합니다.

특히 스타트업이라면 업무 체계도, 인원도 부족할 것입니다. 하지만 이 단점을 장점으로 바꿀 수 있습니다. 이런 곳에서는 마케터가 먼저 원하기만 한다면 다양한 업무에 참여해서 단순 광고의 개선이 아닌 서비스 전체를 바꾸는 경험을 할 수 있습니다. 물론 모든 회사가 친절한 환경일 수는 없습니다. 마케팅만 집중해서 해야 할 수도 있고, 부서 간 협업이 힘든 환경일 수도 있습니다. 그러나 상식적인 곳이라면 회사의 성장을 위해 마케터가 협업을 요청할 때, 특별한 이유 없이 거절을 하지는 않을 것입니다.

마케팅을 처음 경험하는 신입이거나 이직을 하는 경력 마케터가 조금이나마 적응을 빠르게 하거나, 성장하기 위한 방법들을 제 경험에 비추어 생각해봤습니다.

회사의 1순위 목표 파악

마케터라면 가장 먼저 자신이 몸담은 회사가 어떤 전반적인 목표를 가지고 있는지, 이 곳의 1순위 목표는 무엇인지 빠르게 파악해야 합니다. 스타트업의 목표는 대부분 비슷합니다. 매출 증가, 다운로드 증가, 회원 증가 등 가시적인 목표입니다. 그러나 여러 가지 목표 중에서도 가장 중요한 1순위는 조금씩 다르기 때문에 꼭 정확하게 확인할 필요가 있습니다. 드물지만 1순위 목표가 브랜딩이나 사용자의 만족도 증가, 서비스의 완성도 개선 등 일반적이지 않은 경우가 있습니다. 그러므로 마케터는 정확하게 목표를 파악하고 그 목표 숫자의 과거 기록을 최대한 자세히 확인하고, 앞으로 어떻게 성장시켜야 할지 고민해야 합니다.

이 최종 목표는 모든 업무의 마지막 결과로 이어지기 때문에 퍼포먼스, 콘텐츠, 브랜딩 등 직종과 상관없이 파악을 해두는 게 좋습니다. 목표 확인 후 앞으로 자신이 어떤 식으로 목표를 성장시키는 데 도움을 줄 수 있을지에 대해 고민하고 또 고민해야 합니다. 광고비를 적극 사용해 직접적으로 목표 숫자를 늘리는 방법도 있고, 콘텐츠를 통해 간접적으로 늘리는 방법도 있고, 단기간이 아닌 장기간에 걸쳐 성장을 시키는 경우도 있습니다. 하지만 궁극적으로 1순위 목표를 성장시키는 걸 절대로 잊지 않아야 합니다.

서비스와 상품을 개선하기 위한 방법

마케터가 진행하는 광고나 콘텐츠의 효율을 높이는 가장 좋은 방법은 결국 서비스나 상품이 압도적인 경쟁력을 갖추면 됩니다. 만약 서비스나 상품이 부족한 상태라면 아무리 뛰어난 광고를 만들고, 창의적인 콘텐츠를 만들더라도 일시적으로는 효과가 나올지 몰라도 장기적으로는 한계에 부딪치게 됩니다.

그러나 규모가 작은 회사의 마케터는 다양한 방법을 활용해서 서비스나 상품의 근본적인 개선을 할 수 있습니다. 특히 초기 스타트업이라면 마케팅보다 먼저 근본적인 개선에 참여하면 매우 큰 경험치로 쌓이게 됩니다. 마케팅만 하는 마케터가 아니라 전체를 보면서 서비스의 개선과 함께 자신도 성장할 수 있습니다.

디자인팀과는 고객이 좋아하는 디자인이 무엇인지 같이 고민해보고, 기획팀과는 고객이 선호하는 서비스의 개선과 가장 중요한 가격 정책을 의논해보고, 고객지원팀과는 고객들의 불만을 개선할 방향에 대해서 자세히 협의해보고, 개발팀과는 고객들이 서비스에 불편함이 없도록 조금 더 나은 방법을 찾아보고, 영업팀과는 신규 고객을 찾기 위한 방법을 협의하고, 그 외 **여러 팀들과 지속적으로 협업하면서 마케팅의 효율을 높일 방법을 찾아야 합니다.**

광고나 콘텐츠의 효율을 높이기 위해서 광고 소재나 세팅, 그리고 콘텐츠를 고민하는 것도 정답이지만, 정답이 꼭 하나만 있는 게 아니라 더 빠르고 확실한 정답도 있을 수 있음을 직접 느껴보는 것은 매우 중요한 경험입니다. 이 부분은 회사의 규모와 상관없이 계속 고민해야 하는 중요한 부분입니다.

야근보다는 교육

초기 스타트업이나 작은 회사는 인원이 부족하고 체계가 없다 보니 내부에서 업무 교육을 받기 어려운 경우가 많습니다. 신입은 기존 인원들이 바쁘다 보니 친절한 직무 교육을 받기 어렵기도 하고, 경력직은 전임자가 급히 퇴사하여 인수인계도 없이 바로 실무에 투입되거나 기존의 시행착오를 제대로 파악하지 못한 채 전임자와 똑같은 실수를 반복하는 경우도 많습니다.

이런 이유들로 성과가 좋지 않을 때는 자의든 타의든 야근을 하기도 합니다. 예전과는 다르게 요즘은 야근을 강요하는 곳이 많지 않습니다. 이렇게 워라밸이 중시되고 재택근무가 일상이 된 시대임에도 그저 실적을 위해 야근으로 업무에 욕심을 내는 마케터가 많습니다. 그러나 야근을 한다고 해서 업무 실적이 무조건 오르는 건 아닙니다. 그저 답답하고 힘든 상황을 이겨내기 위해서 조금 더 시간을 쓰는 것일 뿐, 야근으로는 마케터의 성장을 이뤄내기 어렵습니다.

좋은 실적을 위해 필요한 것은 사실 직무 교육입니다. 마케터의 성장을 위한 온라인, 오프라인 교육은 넘쳐나고 있고 성장 및 실적을 위한 외부 교육에 시간을 쓰는 걸 아까워 할 필요는 없습니다. 그러나 안타깝게도 아무리 좋은 교육을 회사에서 추천해주고, 교육비를 전부 제공해주어도 막상 교육에 시간을 쓰는 것을 아까워하는 마케터들이 많습니다. 실적을 위해 야근은 하면서, 자신의 장기적인 성장을 위한 교육에 시간을 쓰는 건 아깝게 생각합니다.

저 역시도 거쳐온 여러 스타트업에서 아무리 비싼 교육이라도 회사에서 100% 교육비 지원도 받아내고, 외부 교육 중에 저희 팀원들에게 어울릴 만

한 교육을 찾아서 계속 추천해도 그걸 받아들이는 팀원들은 많지가 않았습니다. 교육은 강제로 누가 시켜서 참여하는 건 의미가 없고, 본인이 원할 때 받는 게 가장 효율적입니다.

작은 회사일수록 다른 비용은 아끼더라도 직원들의 교육비만큼은 아끼지 않는 경우가 많습니다. 직원들을 위한 외부 교육이 당장 현재 실적에 반영이 되지 않기도 하고, 이 직원들이 나중에 다른 회사로 이직한 후에야 교육의 효과가 나오는 슬픈 경우도 많습니다. 그럼에도 불구하고 계속 큰 비용을 들여 직무 교육을 시키는 이유는, 직원 몇십 명 중에 단 한 명이라도 교육을 통해 성장한다면 향후 회사의 성장에 엄청난 결과를 가져다주는 경우가 많기 때문입니다. 스타트업에서 마케터가 실적을 내고 성장하기 위해서는 야근보다는 교육과 학습에 시간을 쓰는 것이 훨씬 큰 도움이 될 것입니다.

마케팅 관련 교육은 온라인, 오프라인 구분 없이 좋은 교육을 쉽게 찾을 수 있다.

인원도 업무 체계도 부족한 것이 작은 회사의 현실이고 단점입니다. 그러나 이 단점을 장점으로 바꿀 수 있습니다. 새로운 광고나 콘텐츠를 만들기 위해서 썼던 많은 시간을 대폭 단축할 수 있습니다. 다양한 관련 부서와 협의를 통해 서비스나 상품의 근본적인 개선에도 참여하면서 마케터로서 커다란 성장을 할 수도 있습니다.

마케터는 어떠한 방법을 써서라도 실적을 내야 하는 직업입니다. 그리고 실적에 관해서는 냉정하고 객관적인 숫자로만 평가받아야 합니다. 개인적인 취향이나 숫자로 확인이 안 되는 부분을 실적이라고 아무리 이야기해도 인정받기는 어려울 것입니다. 간혹 브랜딩, 콘텐츠, 시장의 변화 등 장기적인 무언가를 모호하게 이야기하면서 현재 안 좋은 실적에 대해서 책임을 회피하는 경우가 있습니다. 그러나 '**숫자는 정확하고 그 숫자의 변화 앞에서 마케터는 겸손하고 인정하는 자세**'를 가져야 마땅합니다.

이 방법들 외에도 수많은 방법이 있고, 좋은 자료와 글들을 쉽게 찾아볼 수 있습니다. 그러나 스스로가 원치 않고 노력하지 않으면 그 어떤 방법도 소용이 없을 것입니다. 마케터라는 직업은 경력이 많다고 무조건 실력이 좋은 것도 아니고, 일하는 시간과 경험이 늘어난다고 해서 자동으로 성장을 하는 것도 아닙니다. 그저 매 순간 최선을 다해 노력해야 행운도 따르고 급성장을 하는 시기가 옵니다. 그런 시기에 **단 한 순간이라도 본인의 실력으로 숫자를 성장시키고, 그걸 스스로 깨닫는 순간** 실력이 좋은 마케터로 성장하게 됩니다.

매출,
그리고 스타트업들의 위기

4-7

마케팅에서 매출의 의미

마케터에게 매출은 당연히 중요합니다. 온라인 마케팅을 통해 여러 가지 목표를 정할 때 자주 거론되는 목표 중 하나가 매출입니다. 그러나 회사마다 마케팅을 통해 달성하려는 목표가 다르고 매출보다는 다른 본질적인 목표를 우선으로 할 때도 많습니다. 차별화된 브랜딩, 다양한 가치 창출, 고객 만족도 증가 등 장기적인 목표도 중요합니다.

매출은 그저 다양한 마케팅 활동으로 귀결되는 최종 결과일 뿐입니다. 단기적인 매출 증가만을 목표로 하면, 시간이 지나며 많은 것을 잃게 됩니다. 짧은 기간 내 무리한 광고비 사용, 이익을 생각하지 않은 할인이나 이벤트로 인해 단기 매출은 오르지만 큰 손실을 입거나, 신규 고객에만 집중하다가 충성 고객을 잃어버리는 등 결과적으로는 실패일 때가 많기에 목표를 매출로만 정하는 것은 위험합니다. 마케팅에서 매출은 결과일 뿐 목적이 되어서는 안 된다는 건 절대로 틀린 말이 아닙니다.

- 마케팅의 본질은 가치이다.
- 마케팅은 고객에게 우리의 브랜드를 인식시키는 것이다.
- 마케팅의 목표는 판매가 필요없도록 만드는 것이다.

그러나 현실적으로 대부분의 회사는 매출 외 다른 걸 생각할 여유가 없는 것 같습니다. 매출이 떨어지기 시작하면 브랜딩, 가치 창출 등 장기 목표보다는 일단은 매출을 올리기 위해 조급하게 모든 걸 바꾸기 시작합니다. 그중에는 당연히 마케터의 교체도 포함되어 있습니다.

저도 오랜 기간 여러 회사에서 일하며 가장 힘들었을 때는 매출이 하락할 때였습니다. 아무리 최선을 다해도 매출이 지속적으로 하락하면 광고비가 줄어들게 되고, 마케팅팀 인원을 줄여야 하고, 최악의 경우는 회사가 사라지게 됩니다. 그래서 제가 마케팅 팀장이 된 이후로는 언제나 최우선 목표는 매출의 증가였습니다. 장기간 진행해야 하는 마케팅도 매우 중요하지만 그럼에도 매출 증가가 1순위였습니다. 일단 매출을 증가시켜야 회사 자금의 여유가 생기고 제가 관리하는 마케팅팀에도 신뢰가 쌓이고, 그제야 장기적인 마케팅을 진행하더라도 당장의 성과에 조급해지지 않고 꾸준함을 유지할 수 있었습니다.

매출이 온라인 마케팅의 전부는 아니지만 많은 회사에서 매출을 중요시하므로 마케팅의 시작부터 끝까지 오직 매출만 바라보는 저 같은 소수 마케터도 충분히 역할을 할 수 있다고 생각했습니다. 그러나 매출만을 바라보다가 꽤 많은 걸 잃어버렸습니다. 마케팅의 본질을 많이 놓쳤고, 제 스스로 한계에 부딪치기도 했습니다. 하지만 분명히 얻은 것도 있었습니다. 그렇게 오랜 기간 다양한 경험을 해보니 마케터가 가야 할 방향에는 절대적인 정답이 없고,

주어진 환경에 따라 '**마케팅의 목표는 매출이 아니지만, 마케터의 목표는 매출**'
이 될 수 있다는 생각을 하기 시작했습니다.

매출을 자세히 볼수록 고객을 이해하게 된다

매출이란 고객들이 내가 마케팅하는 상품, 서비스, 게임, 앱 등에 비용을 지
불하고 있다는 가장 중요한 지표입니다. 매출이 나오는 원인을 자세히 찾다
보면 결국 고객들을 더 자세히 이해하게 됩니다.

고객들은 절대로 쉽게 돈을 쓰지 않습니다. 특히 수많은 경쟁 상품이나 서비
스를 제치고 굳이 내가 마케팅하는 곳에 돈을 쓰는 이유를 찾고 이해하게 된
다면 매출을 더 성장시킬 방법이 보이기 시작합니다.

예를 들어 매출이 발생하는 고객의 나이, 성향을 상세히 분석하면 예상과 다
른 경우가 종종 있습니다. 20대를 대상으로 만든 상품이나 서비스인데 의외
로 40대에서 매출이 높다든지, 여성을 대상으로 만들었는데 남성 매출이 높
을 때가 있습니다. 이럴 때는 기존 방향을 유지할 필요 없이 매출이 나오는
방향으로 틀기만 해도 큰 효과가 나옵니다.

매출을 발생시키는 고객을 이해하게 될 때가 마케팅의 새로운 시작입니다.
사전에 아무리 시장 조사를 하고, 고객 인터뷰를 하더라도 막상 마케팅을 시
작하고 나면 예상과 벗어나는 경우가 많습니다.

매출 성장에 앞서 고민해야 할 것들

/

현실적으로 매출이 하락하는 상황에서는 장기 마케팅을 유지하기가 대부분 어렵습니다. 일단은 단기적이라도 매출을 올리는 게 좋습니다. 매출이 오르면 조급해지지 않고 조금 더 계획을 갖고 마케팅을 할 수 있게 됩니다. 매출이 오르면 인하우스 마케터는 회사 내부의 신뢰를, 에이전시 마케터라면 광고주의 신뢰를 얻게 되면서 장기적이고 꾸준한 온라인 마케팅을 진행할 기회가 생깁니다.

온라인 마케터가 가장 빠르게 성장할 수 있는 방법 중 하나는 자신의 실력으로 회사를 성장시키는 것입니다. 매출이 성장하면 회사도 성장하고 그러면서 마케터도 같이 성장합니다.

하지만 매출 성장에 앞서 깊이 고민해야 할 부분들이 있습니다.

① 이익을 생각하지 않은 할인

할인은 매출을 올리기 가장 쉬운 마케팅 중 하나입니다. 할인으로 매출이 오르는 걸 경험한 마케터와 회사는 이 할인의 유혹에서 벗어나기 매우 어렵습니다. 할인의 폭과 횟수가 점점 늘어나게 됩니다. 그러나 할인은 매우 신중히 검토 후 진행해야 합니다. 고객들이 할인에 익숙해지면 할인 없이는 매출 유지가 매우 어려워지기 때문입니다. 거기다 손해 보는 할인이라면 매출이 오를수록 손실만 커집니다.

할인은 가능한 안 하는 게 최선이지만 상황에 따라 진행해야 한다면 최소한 이익 범위 내 가격이어야 하고, 너무 자주 진행하지 않아야 충성 고객의 평균 매출을 유지할 수 있습니다.

② 효율을 생각하지 않은 광고비

매출을 위해 단기간 내 무리하게 광고비를 사용하는 경우가 있습니다. 효율을 생각하지 않고 광고비를 크게 늘리면 대부분은 광고비를 늘린 만큼의 매출 성장을 기대하기 어렵습니다. 광고비를 두 배로 늘린다고 매출이 두 배로 증가하는 경우는 드물기 때문입니다.

그렇다고 광고비를 유지하면서 매출을 늘리는 건 더 어렵기 때문에, 광고비를 늘리지 말라는 뜻은 아니고 비용 증가 과정은 꼭 필요합니다.

광고비는 많이 써도 안 되고, 적게 써도 안 되고, 적당하게 사용하는 게 좋습니다. 적당한 수준의 광고비를 찾는 과정이 쉽지는 않지만 이 부분은 마케터가 결정권자에게 맡기지 않고, 스스로 결정하는 것이 좋습니다. 단순히 대표나 광고주들이 정한 광고비만 사용하는 것과 스스로 고민하고 기획한 광고비를 사용하는 건 시간이 지날수록 큰 차이가 벌어지게 됩니다.

③ 나중을 생각하지 않은 마케팅

일단 매출이 나오기 시작하면 오직 매출이 나온 마케팅, 광고에만 집중하게 됩니다. 모든 인원, 시간, 비용을 전부 단기 매출에만 집중하다가 갑자기 외부 환경이 변하게 되면 매출이 크게 떨어지는 걸 막을 수 없게 됩니다. '**급하게 오른 매출은 급하게 떨어질 수 있다**'는 사실을 꼭 기억해야 합니다.

그러므로 이 시기에는 현재 매출을 증가시키는 데 집중하면서 동시에 나중을 대비하고 준비해야 합니다. 평소에는 여유가 없어서 준비하지 못했던 새로운 광고에도 도전해보고, 시간이 걸리는 콘텐츠도 시도해보고, 내부적으로도 개선할 사항을 다른 팀에 협의해서 수정해보는 등 장기적인 부분을 꼭 미리 대비해야 합니다.

최근 들어 세계적인 스타트업들이 인원을 줄이기 시작했고, 국내에서도 많은 스타트업이 인원을 줄이고 있습니다. 심지어 폐업을 하는 곳도 많아졌습니다.

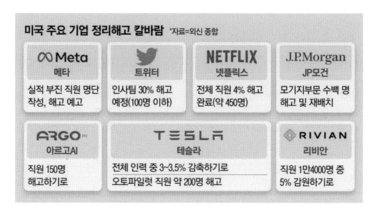

세계적인 스타트업들의 정리 해고 ⓒ매일경제

경제적으로 복합적인 원인이 있지만 그중에서 매출 하락도 큰 원인 중 하나입니다. 과거에는 매출이 없더라도 투자를 통해 회사를 유지할 수 있었고, 어느 정도 손실을 입더라도 오직 매출만 크게 성장하면 큰 문제가 없었습니다. 그러나 이제는 쿠폰, 할인으로 적자 매출 성장은 절대 안 되고, 오직 '이익이 나는 매출'만이 필요한 상황이 되어버렸습니다.

마케팅 본질에 충실한, 장기적인 가치 창출을 위한 전략 준비가 필요하지만 최근 외부 환경은 그걸 기다려줄 상황이 아닌 것처럼 보입니다. 일단 이익이 나는 매출로 회사와 마케터가 살아남는 것이 먼저가 아닐까 합니다. 그리고 아무리 세계적인 위기라고는 하지만 이런 상황 속에서도 크게 성장하고 매출과 이익을 동반하는 회사들이 여전히 존재하고, 지금은 어떻게든 그런 회사가 되어야 합니다.

'마케터의 목표가 매출이 될 수 있을까?'라는 질문에 과거에는 필수는 아니고 그저 마케터의 취향과 환경에 따라 선택사항이라고 답변했습니다. 그러나 아마도 당분간은 '마케팅의 목표는 매출이 아니지만, 마케터의 목표는 매출'인 게 좋을 것 같다고, 마케터는 회사의 그 누구보다 이익이 나는 매출을 올리는 방법을 찾아야 한다고, 다른 그 어떤 것보다도 매출이 우선이라고 말하고 싶습니다.

40대 평범한 마케터의 생존 방법

4 - 8

현실과 열정 사이에서 균형잡기

'40대가 되어서도 계속 현역으로 마케터를 할 수 있을까?'라는 고민을 30대 중반부터 계속해왔습니다. 온라인 마케팅 환경이 빠르게 변화해 나이가 많은 마케터는 당연히 새로운 SNS나 광고에 적응하기 쉽지 않을 거라는 선입견을 저 역시 갖고 있었죠. 그러던 중 실제로 나이가 들수록 주위에 비슷한 나이대의 마케터가 줄어드는 무서운 현실을 보기 시작했습니다.

많은 마케터가 40대에 접어들며 은퇴를 하거나 업종을 변경했고, 남은 분들은 대부분 관리자가 되어 후배 마케터를 관리하는 역할만 하고 있었습니다. 저도 경력이 쌓이면서 자연스럽게 마케팅 팀장이 되었고, 어느덧 실무보다는 관리자 역할에 익숙해져 있었습니다.

그런데 나이가 들수록 절대로 실무를 놓치면 안 될 것 같은 생각이 들었습니다. 이대로 점점 실무에서 멀어지게 되면 마케터로서의 성장이 멈출 것 같았습니다. 비록 너무나 어렵지만 계속 새로운 SNS를 공부하고 새로운 온라인 광고가 나오면 그 어떤 마케터보다 먼저 테스트해봤습니다. 운영하는 광고들도 후배나 대행사에 전부 맡기지 않고, 가능한 직접 운영하면서 현장의 느낌을 놓치지 않기 위해서 노력했습니다.

하지만 아무리 공부하고 노력을 해도 '젊은 마케터의 감각' 만큼은 절대로 다시 찾을 수 없다는 걸 깨달았습니다. 40대가 되니 더 이상 1020 세대의 유행과 그들이 원하는 걸 빠르게 이해하는 건 어려웠습니다. 이건 노력으로 해결될 영역이 아니었고, 이제는 점점 마케터로서의 생존을 걱정해야 하는 상황이 다가오기 시작했습니다.

나이와 상관없이 엄청난 성과를 쉽게 내는 재능 있는 마케터였으면 좋았겠지만 아쉽게도 그러지 못한 수많은 평범한 마케터 중에 하나였습니다. 그럼과연 40대의 평범한 마케터는 어떻게 생존해야 하는지 생각해봤습니다.

모르는 것을 인정하기

/

경력이 쌓이고 나이가 많아지면서 가장 하기 어려운 말 중 하나는 '모르겠다'입니다. 마케터가 새로운 SNS나 유행, 신규 광고 그리고 SEO, CRM 마케팅 외 추가로 SQL, 피그마Figma 같은 새로운 마케팅 도구를 잘 모른다고 말하기는 정말 어렵습니다. 어설프게라도 공부해서 조금이나마 알 수는 있겠지만 제대로 활용하지 못한다면 그건 결국 모르는 것과 같다는 걸 깨달았습니다.

언젠가부터 모르는 걸 감추는 경우가 점점 늘고 있었습니다. 모른다고 말하는 것 자체가 실력 부족을 드러내는 거라고, 일단은 아는 척이라도 해야 한다고 생각했습니다. 하지만 아무리 감춰도 마케터의 실력 부족은 금방 드러나고, 어설프게 알아서는 절대로 문제를 해결할 수 없다는 걸 깨달았습니다.

결국 **스스로 모르는 부분을 인정**하기 시작하면서부터, 문제의 해결 방법을 찾을 수 있었습니다. 아무리 경력이 많더라도 모든 걸 다 알 수는 없다고, 계속 새로운 게 나오는 온라인 광고 시장에서 모르는 건 당연하다고, **모르는 걸 안다고 생각하는 게 더 위험**하다는 사실을 알게 되었습니다.

나보다 잘하는 사람을 찾아내기

부족한 점을 인정한 후에는 그 부족함을 채우기 위해서 많은 노력을 해야 하는데, 이건 당연한 기본입니다. 노력과 동시에 '**나보다 잘하는 사람을 찾아내는 것**'이 더 중요합니다.

광고 소재를 잘 만드는 마케터, 광고 운영을 잘하는 마케터, 광고 분석을 잘하는 마케터, SNS를 잘 키우는 마케터와 같이 각 분야별로 나보다 잘하는 사람을 찾아서 그들에게 배우거나 협업을 하기 시작하면서 제 부족함을 비로소 채울 수 있었습니다.

저보다 어떤 부분이든 잘하기만 한다면 나이, 경력 따위는 상관없다고 생각했습니다. 저보다 스무 살이나 어린 마케팅팀 인턴에게서 숏폼을 배우고, 협력 대행사 마케터에게 광고 운영을 배우고, 프리랜서 마케터에게 광고 분석을 배우기 시작했습니다. 또한 배우기만 해서는 결국 한계가 있다는 걸 깨닫고, 어렵게 찾은 실력 있는 마케터들을 최대한 활용할 방법을 찾기 시작했습니다.

외부적으로는 회사를 설득해서 신규 채용을 하거나, 협력 대행사를 추가로 선정하고, 프리랜서 마케터도 활용하기 시작했습니다. 내부적으로는 마케팅 팀원 중 실력만 있다면 나이, 경력과 상관없이 최대한의 권한을 주기 시작했습니다. 광고 소재나 운영, 콘텐츠 제작까지 팀장이나 회사에 보고 없이 빠르고 자유롭게 진행을 할 수 있게 했습니다. 특히 최근에는 아주 좋은 경험을 했습니다. 제가 근무하는 회사에 새로 들어온 신입 마케터가 새로운 숏폼 영상을 만들었습니다. 일부러 콘텐츠 자유도를 주기 위해서 마케팅 팀장인 저에게 기획안도 보여주지 말고, 그저 마음껏 만들게 두었죠. 그런데 정말 상상하지도 못한 결과물이 나와버렸습니다.

내부 마케팅 팀원들이 노출을 반대할 정도로 회사의 콘텐츠 방향과는 매우 큰 차이가 있었습니다. 노출 반대 의견도 충분히 이해가 가는 상황이었습니다. 하지만 이제 막 대학교를 졸업한 신입 마케터가 숏폼에 관해서는 실력과 감이 있다고 인정하고 있었죠. 그래서 내부 반대를 이겨내고 노출해버렸고, 말도 안 되는 반응을 얻게 되었습니다. 광고비를 하나도 안 쓴 상황에서 기존 숏폼에 비해 노출, 댓글, 좋아요 등 모든 부분에서 10배 이상의 큰 효율이 나왔습니다. 그래서 저는 그 숏폼에 바로 소액의 광고비를 사용하며 광고 소재로의 가능성을 확인하기 시작했습니다. 광고용으로 만든 소재가 아니었음에도, 광고 전환 효율이 엄청나게 높다는 걸 확인했습니다.

그다음부터는 다행히 경력이 많은 제가 잘할 수 있는 영역이었습니다. 회사를 설득하고 마케팅 팀장으로서 사용할 수 있는 최대한의 광고비를 그 숏폼에 집중하기로 결정했습니다. 틱톡과 인스타그램 릴스 양쪽에 엄청난 광고비를 투입했습니다. 결국 몇 개월 만에 회사 전체 매출 증가에 큰 도움이 되는 성과를 이뤄냈습니다. 억지로 뽑아낸 콘텐츠가 아닌 매일 숏폼을 즐기는 직원이 만든 가장 자연스러운 내용이었기에 고객들도 거부감 없이 받아들였고, 홍보로 이어졌다는 점이 성공 요인이었습니다.

이렇게 엄청난 결과가 나오는 중에 그 신입 마케터에게 도대체 어떤 의도와 목적으로 만들었냐고 물어보니, **"그냥 재미가 있을 것 같아서 만들었다"**라는 답변을 들었던 순간이 아직도 기억납니다. 그 순간 이제는 더 이상 40대 마케터가 노력한다고 해서 20대 마케터의 감각을 배울 수는 없음을 깨달았습니다. 그저 저는 실력있는 마케터를 찾아내고, 그걸 실제 성과로 만드는 것이 제 역할이라는 걸 깨달았습니다.

40대 마케터로서 할 수 있는 건 후배 마케터들을 대신해 임원이나 회사 대표 또는 광고주를 설득해서 새로운 시도를 과감하게 지원하고, 적은 광고비로 테스트해서 결과를 확인하고 분석하는 것입니다. 그다음 광고비를 몇 배나 늘리는 선택을 하고, 마지막에는 결과에 책임을 집니다. 이것이야말로 경력이 많은 마케터들이 잘할 수 있는 부분이고 40대 마케터가 생존을 하는 최선의 방법일 것입니다.

마케터의 가장 어려운 경쟁 상대는
그 누구도 아닌 자기 자신이다.

5장

내 상품을
고객에게 전달하는 법

장점은 드러내고 단점은 숨기기

광고비가 적어도
좋은 상품과 서비스는
고객에게 반드시 발견된다.

contents

콘텐츠 마케팅은 끝까지 남을 유일한 마케팅이다.

/

market

작은 회사 상품은 어떻게 시장에 진입할까?

advantage

내 상품의 장점을 정확히 찾아내야 한다.

/

target

고객은 좁히고 또 좁혀야 한다.

콘텐츠 마케팅이 어려운 현실적인 이유

효율 분석이 어려운 콘텐츠 마케팅

콘텐츠 마케팅은 시작이 무척 어렵습니다. 단기적으로 성과를 낼 수 있는 영역이 아니고 장기적인 구축이 필수이기 때문입니다. 예전에는 회사 규모가 크거나 광고 예산이 충분한 회사만 진행한다고 여겨졌는데, 최근에는 많은 스타트업이 사업 초반부터 콘텐츠나 브랜드 마케팅을 진행합니다. 그런데 광고 예산이 적은 회사는 콘텐츠나 브랜드 마케팅의 성과 측정을 위한 진행 검토조차 쉽지 않은 것이 현실입니다. 광고비가 충분하다면 예산과 인원을 분배할 수 있겠지만 당장 성과가 나오고 있는 퍼포먼스 마케팅을 줄이면서 성과 측정이 어려운 영역에 비용과 인원을 투입하는 결정은 어려울 수밖에 없습니다.

저도 당장 결과를 내야 하는 작은 스타트업의 마케팅 팀장이라 현실적으로 빠른 성과가 나오는 광고에만 집중하게 되고, 장기적으로 콘텐츠나 브랜딩을 구축하는 건 나중으로 미루는 게 일상이었습니다. '언젠가 회사가 커지고 마케팅팀 인원도 늘어나고, 매출액과 이익이 안정적이고, 투자를 많이 받을 때 해도 늦지 않다'라는 현실적인 판단을 내릴 수밖에 없었죠.

또한 솔직한 마음으로 콘텐츠 마케팅은 자신이 없었습니다. 정확한 의미조차도 혼란스럽고 어떻게 진행해야 하는지도 잘 모르겠습니다. 직접 운영이 어렵다면 아웃소싱을 맡겨야 하지만 과연 ROI$^{Return\ on\ Investment\ 01}$를 제대로 분석해낼 수 있을지 애매하고, 비용 또한 직접 운영 대비 매우 크다는 단점이 있습니다. 또 재직 중인 회사의 콘텐츠를 외부에 맡긴다는 것도 참 쉽지 않은 결정입니다.

콘텐츠 마케팅이란

"Content marketing is only marketing left."
(콘텐츠 마케팅은 끝까지 남을 유일한 마케팅이다.)

– 세스 고딘

- 가치 있고 관련성이 있으며 일관된 콘텐츠를 생성하고 배포하여 명확하게 정의된 잠재 고객을 유치하고 유지하며 궁극적으로 수익성 있는 고객 행동을 유도하는 전략적 마케팅 방식. 직접적으로 잠재 고객들에게 브랜드의 제품이나 서비스를 홍보하기보다는 도움이 되거나 관심이 있을 만한 유용한 콘텐츠를 제공하는 방식.
- 잠재 고객의 니즈를 환기시켜 구매 의사결정 여정을 시작하게 하고 나아가 충성 고객으로 변화할 수 있도록 가치 있는 콘텐츠를 지속해서 제공하는 방법.

콘텐츠 제작은 저처럼 오래된 마케터에게 가장 어려운 일입니다. 예전에는

---

01 투자 수익률. 투자한 비용 대비 얻는 수익.

지금처럼 온라인 마케터가 세분화되어 있지 않아 이것저것 다양한 경험을 했습니다. 좋게 얘기하면 멀티 플레이어이고 나쁘게 얘기하면 전문성이 떨어진다고 봐야 합니다. 저는 조금씩 광고비를 올려서 효율을 극대화하는 퍼포먼스 마케팅 쪽에 특화되어 있습니다. 쉽게 말하면 비용을 많이 쓰는 광고에는 익숙합니다. 그러나 단순히 돈만 쓴다고 효과를 보기 힘든 콘텐츠나 브랜드 마케팅은 자신이 없는 분야입니다.

콘텐츠 마케팅의 효율 분석

그런데 최근 예상치 못한 일을 경험했습니다. 제가 쓴 글이 운 좋게 네이버 메인에 노출된 것입니다. 제가 만든 콘텐츠(글)가 우연히 노출 효과가 좋은 매체에 메인으로 뜨는 일이 생기니, 마케터로서 호기심이 생겼습니다. '과연 이 콘텐츠는 광고비로 따지면 얼마일까? 효율을 분석할 수 있을까?'

콘텐츠가 우연히 노출된 사례

만약 광고였다면 이 위치는 1일 기준 2~300만 원 정도로 예상됩니다. 네이버가 명확히 해당 위치를 광고로 판매하진 않지만 현재 네이버 광고 중 GFA, 주제판, 검색 광고 등을 근거로 봤을 때 1일 기준으로 충분히 2~300만 원의 가치가 있는 위치라고 판단했습니다.

노출량은 정확하게 확인이 어려웠습니다. 광고가 아니기에 그렇습니다. 그러나 클릭은 확인이 가능했습니다. 1일 기준으로 약 5000회 발생했습니다. 광고비를 200만 원이라고 가정하면 CPC는 400원으로 조금 높은 편입니다.

투입된 비용은 저 콘텐츠를 작성하기 위해서 쓴 제 인건비이므로 그다지 큰 비용이 들어가진 않은 것으로 봐야 합니다. 그러나 모든 콘텐츠가 저렇게 상위 노출이나 많은 공유가 이루어지지는 않기 때문에 투입 비용을 마케터 한 명의 월 인건비로 본다면, 막상 아주 적은 비용은 아닙니다.

그리고 가장 중요한 효율 분석은 결국 포기할 수밖에 없었습니다. 도대체 효율의 기준을 어떻게 잡아야 할지 어려웠습니다. 단순히 콘텐츠 조회수가 높으면 효율이 좋다고 봐야 하는 건지 좋아요, 댓글, 공유 수를 성공의 기준으로 봐야 하는 건지 관점에 따라 달라지기 때문이죠. 바로 이 지점이 콘텐츠 마케팅을 진행하는 회사와 마케터들이 직면한 숙제와 같습니다. **콘텐츠 마케팅의 효율 분석의 기준을 무엇으로 정해야 하는지**는 늘 안고 있어야 할 질문입니다.

실제로 콘텐츠 마케팅 인스티튜트Content Marketing Institute의 2020 테크놀로지 콘텐츠 마케팅 보고서에 따르면, 콘텐츠 마케팅 ROI를 측정하는 마케터 중 ROI 측정을 잘하고 있다고 답한 응답자는 절반(52%)에 불과했다고 합니다. 무려 **절반이 넘는 회사가 정확한 콘텐츠 마케팅 효율 분석을 못하고 있는 게 현실**

입니다. 다음 지표를 기준으로 삼고 분석을 하기도 하지만 이를 통해서도 정확한 숫자를 파악하기는 어렵습니다.

- 도달: 얼마나 많은 사람이 콘텐츠를 '봤는가?'
- 인게이지먼트^{engagement}: 얼마나 많은 사람이 콘텐츠를 '읽었는가?'
- 공유: 콘텐츠를 공유한 사람이 있는가?
- 전환: 콘텐츠를 읽은 후 대화를 원하는 사람이 있는가?
- 매출 영향: 콘텐츠를 읽은 후 제품을 구입한 사람이 있는가?

콘텐츠 마케팅을 진행하기 까다로운 건 분석이 어렵다는 부분 외 또 다른 큰 이유가 있습니다. 콘텐츠 방향을 하나로 정하고 꾸준히 진행하기도 어려운데 **'만약 마케팅 담당자가 변경되면 콘텐츠가 지속성을 유지할 수 있을까?'**라는 현실적인 고민입니다. 어느 정도 인원과 시스템을 갖춘 회사라면 방향 유지가 비교적 쉽겠지만, 만약 마케팅 팀장이나 핵심 콘텐츠 마케터가 회사를 그만두고 새로운 인원들로 변경된다면 전체 방향이 바뀌거나 헤매게 될 확률이 매우 높습니다.

그리고 광고 예산을 1년 단위로 집행하는 큰 회사가 아니고, 그때그때 상황에 따라서 유동적으로 집행한다면 꾸준히 유지하기란 더 어렵습니다. 광고비를 줄이는 결정을 할 때, 어쩔 수 없이 가장 먼저 콘텐츠 마케팅 예산을 줄일 수밖에 없습니다. 당장 성과가 나오는 마케팅을 포기하고 장기적인 고객 만족과 브랜딩을 신경 쓰는 결정은 하지 않게 됩니다. 그리고 도대체 얼마의 광고비를 써야 하는지도 애매해서 단순히 담당 인원의 인건비 외 광고 예산은 계획하기 어렵다는 단점이 있습니다.

또 **정해진 기한 없이 꾸준히 기다려야 한다**는 점은 콘텐츠 마케팅 시작을 망설

이게 합니다. 대부분의 책과 전문가들이 한번 시작하면 장기간 지속성을 가지라고 합니다. 그런데 이 지속성이라는 게 6개월? 1년? 2년? 도대체 어느 정도의 기간인지 아무도 모릅니다. 더 슬픈 현실은 그 지속성을 유지하는 기간 사이에 회사 매출이 줄어들어 사라질 수도 있다는 점입니다. 종합해보면, 콘텐츠 마케팅은 다음과 같은 한계를 갖고 있습니다.

- 효율 분석이 어렵다.
- 마케팅 인원 변동 시 지속성이 유지되기가 어려울 수 있다.
- 광고비를 얼마나 투입해야 할지 애매하다.
- 정해진 기간이 없다.

이런 현실적인 문제들에 대한 답을 고민하지 않은 상태에서, 콘텐츠 마케팅을 무작정 진행하는 것은 매우 위험한 선택입니다. 정답을 찾지는 못하더라도 최소한 많은 고민이 있어야 하는 건 확실합니다.

광고 같지 않은 광고의 등장

온라인 광고가 질린다는 고객이 점점 많아지고 있습니다. 너무 많은 채널에서 광고가 게재되니 효율은 점점 떨어질 수밖에 없습니다. 광고에 대한 거부감도 점점 더 커지고 있습니다. 온라인 광고를 차단하는 방법이 손쉽게 공유되는 현실 속에서, 광고 같지 않은 광고들이 도리어 큰 효율이 나는 경우가 많아지고 있습니다.

가장 좋은 예는 최근 이슈가 된 온양석산의 '반려돌 세트'입니다. 매출 위기를 겪고 있던 석재 회사의 한 직원이 고무 대야에 돌을 넣고 박박 씻는, '돌 씻는 영상'이 숏폼에서 이슈가 되면서 930만 이상의 조회수를 기록했습니다. 고객들의 의견을 받아들여 '애완돌'까지 판매해 바로 완판이 되는 등 큰 반향을 일으켰습니다.

'반려돌 세트'로 화제가 된 온양석산 ⓒ온양석산 인스타그램

놀라운 지점은 고객들과의 빠른 소통이었습니다. 실시간으로 댓글을 통해 수많은 고객의 요청사항을 확인하고 소통하면서 콘텐츠를 쌓아가는 과정이 매우 흥미로웠습니다. 잠재 고객을 충성 고객으로 바꾸는 과정이 매우 자연스럽고, 고객들의 자발적인 참여를 이끌어내는 과정도 매우 빨랐습니다. 또 콘텐츠에 고객들이 직접 관여했기에 더 효율이 높았습니다.

콘텐츠 마케팅으로 큰 성공을 거둔 회사들이 늘어나고 있습니다. 그러나 이런 성공 사례를 막연히 따라 한다고 해서 비슷한 성공을 거둘 순 없습니다. 억지로 만들어지는 게 아니라 자연스럽게 고객과 연결되어야 하기 때문입니다. 억지로 의미나 콘텐츠를 만들려 하면 더 역효과가 나는 경우가 많습니다. **적절한(때로는 뜨거운) 진심을 담아, 고객과 맞닿을 포인트를 찾는 것이 콘텐**

츠 마케팅에서는 매우 중요하다고 생각됩니다. 어렵지만, 요즘 사람들이 무엇에 마음을 흔들리고 빼앗기는지 그 포인트를 찾는 연습이 필요합니다.

현실적인 문제로 인해 콘텐츠 마케팅 진행은 쉽지 않습니다. 그러나 곳곳에 늘어난 광고로 고객들의 불만이 늘어나고 있고, 각 채널별 광고비가 전체적으로 상승하면서 도리어 적은 광고비로도 큰 효과를 볼 가능성이 있는 콘텐츠 마케팅은 점점 모든 회사에서 필수 과정이 되고 있습니다.

이미 많은 회사에서 콘텐츠 마케팅을 통해 적은 비용으로 큰 성공을 거둔 사례를 보여주고 있습니다. 이런 결과를 확인한 이상 콘텐츠 마케팅에 전체 광고 예산의 일부분(5~10%)을 사용하는 것은 더이상 무리한 선택이 아닙니다.

한번 시작하면 장기 프로젝트로 인정해야 하고 무엇보다 콘텐츠 마케터의 자율성을 보장해야 합니다. 고객들과의 빠른 소통과 신선하고 재미있는 콘텐츠가 나오기 위해서입니다. 기존처럼 일일이 콘텐츠를 점검하고 감시하는 상황에서는 신선하고 새로운 결과물이 나오기 힘듭니다. 그러나 무조건 재미만 추구하는 콘텐츠는 회사에 큰 피해를 입히기도 합니다. 대중을 상대하므로 적절한 선을 지키는 자세도 필수입니다.

빠른 결과를 원하는 회사 대표, 광고주가 대부분인 게 현실입니다. 그러나 언젠가는 해야 한다면 조금 빠르게 미리 준비하고, 당분간은 큰 욕심을 버리고 그저 꾸준히 진행하는 것에 초점을 맞추라고 응원하고 싶습니다. 좋은 결과는 꾸준함에서 나올 때가 많습니다. 우연에 기대거나 조급하게 욕심만 앞선다면 양질의 콘텐츠 마케팅은 탄생하지 못할 것입니다.

작은 회사와 스타트업 상품이 시장에 진입하는 법

부족한 부분을 인정하고 욕심을 버리기

작은 회사와 스타트업의 새로운 제품 또는 서비스가 시장에 진입하는 건 매우 어렵습니다. 왜냐하면 기존의 오래되고 거대한 경쟁사에 비해 거의 모든 면에서 부족하기 때문입니다. 자금도, 인원도, 경험도 부족합니다. 그래서 수많은 회사가 시장에 제대로 진입조차 하지 못하고 사라집니다.

저도 몇 개의 작은 회사와 스타트업을 경험하면서 많은 실패를 경험했습니다. 준비 단계에서는 확실하게 경쟁력이 있을 거라고 생각했는데, 막상 시장에 노출되었을 때 전혀 반응이 없는 경우가 많았습니다. 큰 기대가 큰 실망으로 변하는 건 한순간이었습니다. 현실에서는 극소수의 회사만 시장에 성공적으로 진입하게 됩니다. 과연 어떤 방법으로 시장에 성공적으로 진입할 수 있을까요?

너무 많은 준비를 하지 않는다

/

작은 회사와 스타트업은 초반에는 모든 게 부족합니다. 그런 상황에서 너무 많은 준비를 하다가 지쳐버리게 됩니다. 시장에 진입도 하기 전에 오랜 준비 과정에서 핵심 인원이 이탈하거나 투자금이 전부 떨어지기도 합니다.

처음부터 완벽하게 준비하려는 욕심을 버리고 최선을 다해 본인들이 생각한 일정에 맞춰 시작해야 합니다. 어차피 시장 노출 후 끊임없이 수정해야 하므로 시작 전에 너무 많은 준비로 힘을 뺄 필요는 없습니다.

빠르게 테스트하고 빠르게 포기한다

/

시장에 첫 노출 후 다양한 방법과 광고비를 들여 마케팅 테스트를 하게 됩니다. 퍼포먼스, 콘텐츠, 바이럴 등 여러 가지 방법으로 고객들의 초반 반응을 확인하려 합니다. 이 단계에서는 꼭 빠르게 테스트하고 빠르게 포기해야 합니다. 왜냐하면 이 단계가 길어질수록 광고비가 낭비되기 때문입니다.

초반에 광고 테스트 후 시장에서 반응이 없을 때, 그 원인을 적은 비용으로 생각해서 광고비를 늘리는 게 가장 위험합니다. **'광고비가 아무리 적어도 좋은 상품이나 서비스는 시장에서 좋은 반응이 나온다'**는 걸 잊지 말아야 합니다. 빠르게 포기하라는 말이 모든 것을 완전히 포기하라는 뜻이 아닙니다. 시장에서 반응이 없는 원인을 찾고 개선하는 동안 굳이 무리해서 광고비를 쓰는 게 아니라 잠시 멈추라는 의미입니다.

스타트업 주요 실패 원인
(단위 : %, 중복 선택)

항목	%
시장 수요가 없는 제품	42
자금 부족	29
가격대비 원가비율 문제	18
제품의 질 빈약	17
비즈니스모델 문제	17
마케팅 부족	14
고객 무시	14
제품 출시시기 문제	13
투자자와 불협화음	13

자료 : CB인사이트

스타트업의 주요 실패 원인 ⓒ한국일보

처음과 다르더라도 많은 부분을 수정한다

시장에 진입 후 아무런 반응이 없으면 곧 많은 부분을 수정해야 합니다. 시장에서 전혀 반응이 없는 상품과 서비스를 조금씩 개선한다고 해서 고객들의 반응을 이끌어내는 건 쉽지가 않습니다. **바꾸지 못하는 근본적인 부분을 제외하고 거의 모든 걸 수정**하면서 변화를 줘야 합니다.

처음 시작할 때와 비교해 많은 부분이 수정되는 게 조금 안타까울 때도 있습니다. 하지만 시장에서 반응이 없어 아예 사라지는 것보다는 일단 많이 고쳐서 살아남는 것이 먼저라는 점을 잊지 말아야 합니다.

반응이 있는 소수의 고객에 집중한다

/

시장에 첫 진입 후 가장 처음 반응이 있는 소수의 고객들에게 집중할 필요가 있습니다. 고객을 확장하려는 욕심을 버려야 합니다. 많은 것이 부족한 초반 스타트업의 한계를 인정하고 선택과 집중을 할 필요가 있습니다.

초반에 조금 고객들이 반응이 있다고 무리하게 고객층을 확장하다가 도리어 초반의 충성 고객을 잃어버리는 경우가 의외로 많습니다. 초반에는 타깃을 더욱더 좁혀야 하고 안정적인 매출이 나올 때까지는 무리한 확장을 참고 참아야 합니다.

이익이 나는 매출을 찾아야 한다

/

신제품이나 새로운 서비스 출시 초반에는 이익을 생각하지 않고 조금 무리하게 마케팅을 진행합니다. 광고비도 많이 써보고, 쿠폰도 뿌려보고, 파격적인 이벤트도 진행합니다. 사용자가 증가하고 매출도 증가하기 시작하면 이제 곧 엄청난 성공을 할 것 같다는 착각에 빠지게 됩니다. 하지만 적자 상태의 매출은 한계를 맞이할 수밖에 없습니다. 결국 이익이 나는 매출을 찾아내야 합니다.

진짜 이익이 나는 매출은 광고를 중단하고, 쿠폰을 없애고, 이벤트가 없을 때 나오는 매출입니다. 이런 매출의 비중을 높이기 위한 방법을 계속 찾아내야 합니다.

서두에 말했듯 초기에 작은 회사와 스타트업들은 대부분 시장에 진입조차 제대로 못하고 사라지는 경우가 많습니다. 상품이나 서비스가 부족해서 사라지는 건 어쩔 수 없지만, 충분한 경쟁력이 있음에도 제대로 시장에 보여주지조차 못하고 사라지는 곳은 정말 안타깝습니다.

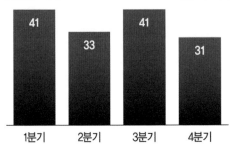

2023년 스타트업 폐업 건수

새로운 상품이나 서비스가 시장에 진입하는 건 정말 어렵습니다. 모든 것이 부족하다는 냉정한 현실을 빠르게 인정하는 것이 중요합니다. '조금만 더 인원과 시간이 있었더라면, 조금만 더 광고비가 있었더라면 충분히 시장에 진입했을 텐데' 라는 아쉬움은 잊고 주어진 환경에서 최선을 다해 선택과 집중을 하는 것이 중요합니다.

내 상품과 서비스의
장점을 찾아내기

5 - 3

경쟁 상품과 다른 나만의 장점을 찾기

마케팅하는 상품과 서비스의 장점을 찾아내는 건 매우 중요합니다. 그런데 의외로 많은 대표와 마케터들이 자신들의 장점을 자신들만 잘 알고 있고, 고객들에게는 잘 알리지 못할 때가 많습니다. 심지어 장점이 뭔지도 잘 모를 때도 있습니다. 아무리 작은 장점이라도 끝까지 찾고 찾아내야 합니다.

가장 흔하게 하는 실수를 예로 들어보겠습니다.

- 저렴한 가격이 장점인 상품을 품질이 좋다고 광고하기
- 30대가 좋아할 만한 서비스를 20대 타깃으로 광고하기
- 다양한 종류의 음식이 장점인 음식점인데 맛을 위주로 광고하기
- 위치가 장점인 숙박 업소를 방 상태가 좋다고 광고하기

이와 같이 상품의 핵심 장점을 제대로 파악하지 못하고 광고하는 곳이 많습니다. 저도 신입 시절에는 제가 광고하는 상품이나 서비스를 제대로 파악조차 못하고 급하게 광고 진행을 하다가 다양한 실패를 겪었습니다. 가격이 저

렴하다고 광고했는데 시장조사를 해보니 경쟁사가 훨씬 더 저렴한 경우, 품질이 좋다고 광고를 했는데 알고 보니 디자인이 좋았던 경우처럼 상품의 장점을 마케터인 저조차 잘 모르고 그저 광고만 진행하니 당연히 실패할 수밖에 없었습니다. 그럼 지금부터 마케팅의 첫 단계에서 가장 많은 고민을 해야 하는 상품의 장점을 찾아내는 방법을 알아보겠습니다.

경쟁 상품과 냉정하게 비교하기

가장 먼저 경쟁 상품이나 서비스와 솔직한 비교가 필요합니다. **가격, 품질, 디자인, 포장, 서비스 등 세세한 모든 부분을 경쟁사와 객관적으로 비교**해야 합니다.

대부분의 대표는 자사의 상품이나 서비스가 최고라고 착각합니다. 많은 고민과 시간을 들여서 만들었고 경쟁사와 비교해 장점이 많다고 생각합니다. 품질이 뛰어나다고, 가격 경쟁력이 있다고, 서비스가 독창적이라고, 디자인이 멋지다고 생각합니다. 이런 착각을 하는 이유는 **자사 상품과 서비스에 대한 애정과 자부심이 있어 객관적인 판단을 하기 어렵기 때문**입니다. 이럴 때 마케터는 최대한 고객 입장에서 객관적인 비교를 통해 장점과 단점을 찾아내야 합니다.

작고 사소한 장점을 찾아낸다

커다란 장점을 찾기 어려우면 작고 사소한 장점을 찾아내야 합니다. 마케팅에서 가장 중요한 건 품질과 가격입니다. 그러나 이 두 가지를 장점으로 가질 수 있는 곳들은 대부분 각 업종의 1~2위 업체나 대기업인 경우가 많습니다. 그래서 어떻게든 작더라도 자신들만의 장점을 찾는 게 중요합니다.

일반적으로 너무 작고 사소한 부분은 장점이 아니라고 생각합니다. 예를 들어 '포장을 조금 더 신경 쓰는 부분, 고객 문의를 조금 더 빠르게 응답하는 부분, 조금 더 좋은 원재료를 사용하는 부분' 등과 같이 아무리 작은 장점이라도 나만의 장점을 찾을 필요가 있습니다. 그리고 그걸 강조하고 꾸준히 유지한다면 시간이 걸려도 고객들이 알아주기 시작하고 좋은 결과로 이어집니다.

최근에 온라인 쇼핑을 하다가 참고가 될 만한 좋은 경험을 했습니다. 가격비교 및 리뷰를 확인하다가 신기한 곳을 발견했습니다. 제가 구매하려는 상품은 여러 오픈마켓에 같은 상품을 파는 곳이 많아 그저 최저가이기만 하면 어디서 구매해도 상관이 없었습니다. 그런데 가격이 최저가가 아님에도 불구하고 리뷰가 많은 곳이 있었습니다. 그리고 대부분의 리뷰에서 판매자분이 친절하다는 내용을 볼 수 있었습니다.

★★★★★ 5
9965**** · 24.01.30. | 신고
컬러: GLD(YEGL)
잘 도착했어요.
판매자분 친절해서 알고 지내고 싶네요 ㅎ

★★★★★ 5
naja***** · 24.01.26. | 신고
컬러: GLD(YEGL)
배송도 너무 빠르고 구매한 순간부터 피드백이 너무 친절하고 좋으셔서 기분이 좋아졌네요.
상품이 좋은건 당연하구요..
다른 물품 필요할 때 또 이용할께요.

해당 상품에 달려 있던 리뷰

판매자가 친절하다는 리뷰는 조금 드문 케이스라 마케터로서 호기심에 최저가가 아님에도 구매를 했고 정말 깜짝 놀랄 수밖에 없었습니다. 배송 전 상품을 포장하는 사진을 휴대폰으로 찍어서 미리 보내주고, 포장도 다른 곳보다 조금 더 세심하고, 판매자가 직접 만든 상세한 상품 설명서까지 처음부터 끝까지 완벽한 구매 경험을 준 곳이었습니다. **경쟁사보다 큰 비용을 들인 건 아니지만 숫자로는 표현할 수 없는 작고 섬세한 정성**을 느낄 수 있었습니다.

아래 사진은 주문하신 상품 준비 사진입니다.
물류창고여서 조명이 어둡고 포장상태에서
일반 휴대전화 촬영이여서 이미지가 달라 보
이는 부분 양해 부탁드립니다.
이 사진은 구매자님의 상품의 확인 및 준비
상황을 전달해 드리기 위한
의 서비스입니다. ^^*
택배 송장은 6~7시 경에 다시 보내 드리겠습
니다.

상품을 받기 전 판매자가 보낸 문자

똑같은 상품을 비슷한 가격으로 판매하는 곳이 많아 불리한 상황에서 **최저가나 비싼 광고가 아닌 자신만의 작은 장점을 유지하고 성과를 내는** 대단한 곳이었습니다. 경쟁사보다 조금 더 배송과 포장에 신경 쓰고 친절하다는 점이 큰 장점으로 보이지 않을 수 있지만, 고객 입장에서는 매우 큰 장점으로 부각될 수 있다는 것을 몸소 보여준 곳이었습니다.

장점을 고객에게 5초 내에 알려주기

고객이 5초 안에 장점을 파악할 수 있도록 나만의 장점을 가장 먼저 강조해야 합니다. 가격이 저렴하지도 않은데 그걸 강조하거나, 품질이 압도적이지도 않은데 그걸 좋다고 강조해봤자 고객은 절대 장점으로 여기지 않습니다.

장점을 지속적으로 찾아내는 것이 중요한데도 불구하고 많은 마케터가 간과하는 경우가 많습니다. 그 이유는 자신들이 생각한 장점이 시간이 지남에 따라 어느 순간 단점이 되어버리는 경우를 놓치기 때문입니다.

저렴한 가격이 장점이었던 회사가 어느 순간 경쟁사들이 더 저렴한 가격으로 내리면 이제는 가격이 단점이 됩니다. 출시 때는 품질이 좋았던 상품이나 서비스가 시간이 지나도 개선이 없으면 낡은 상품이나 서비스가 되어버립니다.

저렴한 가격이라는 장점을 잃고 있는 이디야

내 상품과 서비스의 장점은 언제든지 외부 환경의 변화에 따라 단점으로 변화할 수 있다는 점을 잊지 말고 지속적으로 다른 장점을 찾아내거나 새로운 장점을 만들어내야 치열한 경쟁 속에서 살아남을 수 있을 것입니다.

진짜 고객을
찾아가는 과정

— 5 - 4 —

고객을 넓히는 대신 좁혀야 하는 이유

고객을 너무 넓게 설정하는 건 온라인 광고에서는 매우 위험합니다. 가장 대표적으로 '20~30대 여성'이나 '30~40대 남성' 같은 식으로 잠재 고객을 넓게 정하는 곳이 많습니다. 언뜻 보기에는 인구 수도 많고, 소비력이 가장 좋은 고객들이므로 이들을 타깃으로 정하는 게 가장 좋은 선택이라고 생각할수 있습니다. 그러나 매우 안 좋은 선택입니다. 왜냐하면 고객 범위가 넓을수록 경쟁이 심해지고, 광고 효율은 떨어지고, 광고비 낭비가 발생하기 때문입니다.

저도 신입 시절에는 20~30대 여성에 가장 집중했습니다. 이 고객들은 많은 회사가 원하는 구매력이 좋은 주요한 타깃입니다. 이 고객들을 핵심 타깃으로 정하고 어떻게든 광고 효율을 올릴 방법을 찾으려고 했습니다.

그런데 경험과 실패가 쌓일수록 고객들을 단순히 나이와 성별로만 나누기에는 너무 범위가 넓다는 걸 깨달았습니다. 예를 들어 24세 여성 중 부산에 살면서 직장인이고 취미가 등산인 여성 정도로 구체화시키지 않으면 광고 효율을 올릴 수 없단 걸 알게 되었습니다. 전부를 만족시키겠다는 욕심을 버리고 최대한 고객을 좁히면서부터 광고 효율을 조금씩 올릴 수 있었습니다.

고객을 좁히고 또 좁혀야 합니다. 나이, 성별, 취미, 성향, 지역 등 고객을 최대한 좁히면서 진짜 고객을 찾아내는 것이 중요합니다. 마케터가 마케팅을 하는 상품, 서비스에 실제 비용을 지불하고 재구매를 하는 진짜 고객을 찾아가는 과정에 대해 알아보겠습니다.

잠재 고객을 검색어로 분석하기

광고를 진행하기 전이라면 먼저 잠재 고객 분석이 필요합니다. 과거와 다르게 지금은 검색어로 쉽게 내가 마케팅하려는 상품이나 서비스를 원하는 고객의 정보를 찾을 수 있습니다. 대표적으로 '네이버 트렌드' '구글 트렌드'를 통해서 고객들의 나이, 성별, 기기, 지역 등의 정보를 통해 잠재 고객을 분석할 수 있습니다.

중요 키워드 외 세부 키워드까지 최대한 많이 분석하고, 어느 계절에 더 많은 검색량이 나오는지도 확인할 필요가 있습니다. 이런 분석을 통해 고객을 예상하고 광고 진행에 집중해야 할 때와 잠시 쉬어가야 할 때를 미리 파악하면 좋습니다.

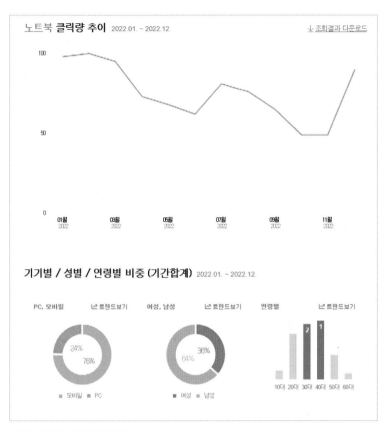

네이버 트렌드 '노트북' 검색어 분석

구글 트렌드 '노트북' 검색어 분석

잠재 고객과 실제 고객 비교하기

광고 진행 후 초반에 실제 회원가입이나 구매하는 고객을 최대한 자세히 분석해야 합니다. 수많은 경쟁 상품이나 서비스를 놔두고 고객이 왜 우리 상품에 비용을 지불했는지 마케터는 원인을 파악해야 합니다.

그래서 마케터가 초반에 전환 고객(회원가입, 다운로드, 구매 등)을 직접 만나보거나, 전화 인터뷰도 시도해봐야 합니다. 데이터 분석만으로 얻을 수 없는 '**진짜 고객의 소리**'를 듣는 것입니다. 만족스러운 점뿐만 아니라 개선해야 할 점, 불만스러운 점도 꼭 파악할 필요가 있습니다.

그리고 사전에 잠재 고객을 분석했어도 막상 광고를 진행하며 실제 고객들을 분석하다 보면 예상이 틀린 경우가 꽤 많습니다. 예를 들어 20대 고객에게 판매가 될 것 같았던 상품인데 30대가 더 많이 구매를 한다든지, 대학생 고객을 대상으로 준비했는데 직장인들이 더 많이 구매를 한다든지 예상이 종종 빗나가기도 합니다. 예상한 고객과 실제 고객의 차이가 크다면 마케팅의 전체 방향을 바꿔야 합니다.

전환 고객 중에서도 더 고객을 좁히기

전환 고객 중에서도 더 중요한 고객을 찾아 좁혀야 합니다. 예를 들어 20대 고객 중에서도 전환율이 높은 고객이 25세인지 22세인지 확인하고, 지역으로는 서울에서도 종로구인지 강남구인지 구분하는 등 최대한 좁히고 좁혀서 핵심 고객을 구체화시켜야 합니다.

마케터가 고객을 좁히고 구체화시킬 때가 마케팅의 새로운 시작이나 다름없습니다. 이 단계에서는 다수보다 효율이 높은 고객층을 대상으로 광고에 집중하고 전체 마케팅을 바꿀 필요가 있습니다.

골프웨어 브랜드 PXG는 아예 시작부터 핵심 고객을 34세로 좁혀버리는 과감한 선택으로 최근 몇 년간 엄청난 성장을 했습니다. 잠재 고객을 넓히지 않고 처음부터 극단적으로 좁혀서 마케팅을 진행하여 성공한 대표적인 사례입니다.

> "우리의 타깃 연령은 딱 34세입니다. 3040세대처럼 모호한 말은 쓰지 맙시다."
>
> — 신재호 PXG 코리아 회장

골프웨어는 골프를 즐기는 특정 고객이 대상이므로 그다지 고객층이 넓지 않습니다. 그럼에도 불구하고 거기서 고객을 더 좁혀버리는 선택을 한 PXG의 성공은 마케터들에게 많은 가르침을 줍니다.

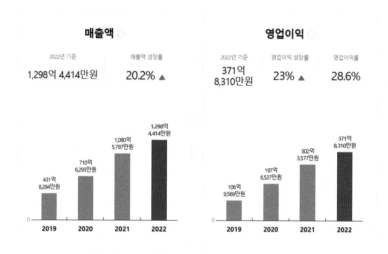

골프웨어 브랜드 PXG의 매출액과 영업이익 추이

고객을 너무 좁히면 불안하게 느껴질 수도 있습니다. 고객 수가 줄어들고 괜히 잠재 고객을 놓치는 것 같아 군이 극단적으로 좁힐 필요가 있을까라는 불안감이 들 때가 많습니다. 하지만 매출 성장은 소수의 충성 고객으로부터 시작한다는 걸 기억해야 합니다.

아무리 좋은 상품과 서비스라고 해도 처음부터 다수의 고객을 만족시키는 건 쉽지 않습니다. 고객의 범위를 넓히고 확장하는 건 나중에 할 일입니다. 일단은 **매출을 올려주고 재구매해준 소수의 진짜 고객을 찾는 데 집중**해야 합니다. 마케터는 고객을 찾는 과정에서 욕심을 버려야 하고, 전부를 만족시키려다 전부를 놓칠 수 있다는 점을 절대로 잊지 말아야 합니다.

마케팅을 하면서 얻은 한 가지
모든 것의 마지막에 남는 것

오랜 시간 마케터로 일하며 다양한 회사를 거쳤습니다. 작은 회사에서 비용이 부족해 광고를 제대로 진행하지 못한 적도 많았습니다. 스타트업에서 인력, 지원, 상품 등 모든 부분이 부족할 때도 종종 있었습니다. 쇼핑몰 제작 솔루션 업체에서 다양한 업종의 소상공인 대표들의 광고를 도와준 적도 있었습니다. 마케터로서 운 좋게 많은 경험을 쌓을 수 있었지만 그만큼 잦은 실패 역시 피할 수 없었습니다.

그럴 때마다 광고비가 부족해서, 상품이 부족해서, 인원이 부족해서라는 핑계를 대기 바빴습니다. 그러나 모든 부분이 풍족했을 때도 종종 실패했습니다. 경력이 쌓이면서 운 좋게 규모가 큰 회사에서 많은 광고비와 인력 지원도 받아봤지만 그럼에도 자주 실패했습니다.

결국 마케팅에서 가장 중요한 건 기본이라는 사실을 깨달았습니다. 끊임없이 변화하는 환경에서 흔들리지 않고 자신만의 좋은 결과를 만들기 위해서는 기본에 충실해야 합니다. 저도 기본을 잊고 그저 광고에만 집중하다가 수많은 실패를 겪었습니다. 광고 운영만 잘하면 된다고, 엄청난 효율의 광고 소재나 상세페이지를 만들면 된다고, SNS를 잘 활용하면 된다고 막연하게 생각했습니다. 그러나 기본을 놓차면 그 어떤 시도를 해도 좋은 결과로 이어지지 않았습니다.

음식점은 맛이 뛰어나면 됩니다. 제조 회사는 품질이 좋은 상품을 만들면 됩니다. 게임 회사는 재미있는 게임을 만들면 됩니다. 의류 회사는 디자인이 멋진 옷을 만들면 됩니다. 이렇게 각 업종에 맞는 기본을 놓치지 않고, 궁극적으로는 경쟁력 있는 가격을 유지하는 것이 훌륭한 마케팅보다 중요합니다.

만약 이런 기본 경쟁력을 갖추기 어렵다고 해도 절대 포기하지 않고 어떤 것이라도 개선해야 합니다. 음식점은 친절함, 제조 회사나 의류 회사는 AS^{After-Sales Service}, 게임 회사는 업데이트 등 가능한 모든 부분을 개선하기 시작하면 시간은 걸릴지라도 고객이 알아보기 시작합니다.

온라인 마케팅에서의 기본 역시 매우 간단하면서도 지키기 어려운 것들입니다.

거짓말을 하지 않는다

광고나 상세페이지로 고객을 한 번은 속일 수 있어도 두 번 속일 수는 없습니다. 매달 하는 할인을 역대 최저가라고, 맛없는 음식을 너무 맛있다고, 품질에 신경 쓰지 못했는데 양질인 것처럼 거짓말을 해서는 단기적으로는 성과를 낼 수 있겠지만 장기적으로는 유지하기 힘듭니다.

광고비를 함부로 낭비하지 않는다

효율이 떨어지는 광고에 비용을 많이 사용하고 있지는 않은지, CPC가 지나치게 높은 건 아닌지, 쓸데없는 노출을 하고 있는 건 아닌지, 충성 고객의 나이대를 신경 쓰고 있는지 등 끊임없이 광고비 낭비를 줄일 수 있어야 합니다.

끊임없이 개선한다

광고 종류를 자주 변경하며 지금 효율이 가장 좋은 광고를 찾아내기, 광고 소재를 조

에필로그

금씩이라도 변경하면서 최고의 소재를 찾아내기, 매일 효율을 분석하면서 가짜 숫자와 진짜 숫자를 구분하기 등 노력의 종류는 다양합니다. 그러나 시간과 인원이 부족하다는 이유로 미루는 경우가 많습니다. 귀찮더라도 매일 조금씩 개선해나가는 습관은 마케터로서 성장하는 데 큰 밑거름이 됩니다.

저도 오랫동안 일하다 보니 놓치게 되는 것들이 많습니다. **하지만 한 걸음씩 꾸준히 오르다 보면 끝까지 갈 수 있습니다. 이것이 마케팅의 본질입니다.** 욕심을 부려 한 번에 빠르게 오를 수도 있지만 그건 실력이 좋아서가 아니라 그저 운이 좋았을 뿐입니다. 그런 행운은 자주 오지 않습니다. **모든 것의 마지막에 남는 건 기본입니다.**

작은 회사에서 부족한 광고비로 일하는 마케터, 100만 원의 광고비도 큰 부담이 되는 소상공인, 모든 자원이 부족한 스타트업 마케터와 대표, 크고 작은 실패를 거듭하는 마케터들에게 실패를 두려워하지 말고 끊임없이 도전해도 된다고 격려하고 싶습니다. 동시에 기본은 절대 놓치면 안 된다는 점도 강조하고 싶습니다. 올바른 방향으로 노력하다 보면 시간은 오래 걸려도 원하는 것 이상을 얻을 것입니다. 어느 때보다 험난한 길을 걷고 있는 모든 분을 응원합니다.

참고 자료

118 매출 높이는 퍼포먼스 마케팅

https://www.dailygaewon.com/news/articleView.html?idxno=12461

122 2022년 국내 방송통신광고 16.5조⋯온라인 비중 52.7%

https://www.newstomato.com/ReadNews.aspx?no=1216285&inflow=N

130 메타, 실적 발표⋯이익 대폭 감소 예상, 저가가 유일한 매력?

https://news.mt.co.kr/mtview.php?no=2022042709132148743

157 '1000억 철퇴' 맞은 구글 · 메타⋯유럽은 이미 수천억 때렸다

https://n.news.naver.com/mnews/article/008/0004794478?sid=105

239 美 빅테크서 시작된 해고 쓰나미⋯리비안 이어 JP모건도 '벌벌'

https://www.mk.co.kr/news/world/10384489

광고비가 적어도
좋은 상품과 서비스는
고객에게 반드시 발견된다.